CB143025

Sono

100 PERGUNTAS E RESPOSTAS

Título do original em francês: ***Réponses à 100 questions sur le sommeil***

Copyright © 2002 by Editions Solar
Copyright © 2003 by Larousse do Brasil

Todos os direitos reservados. Nenhuma parte desta edição pode ser utilizada ou reproduzida – em qualquer meio ou forma, seja mecânico ou eletrônico, fotocópia, gravação etc. –, nem apropriada ou estocada em sistema de bancos de dados, sem a expressa autorização da editora.

Gerente editorial **Otacília de Freitas**
Editora-assistente **Gabriela Dias**
Assistente editorial **Renata Nakano**
Coordenação geral e preparação de texto **Valentina Nunes**
Projeto gráfico, diagramação e capa **Estúdio Ivanov**
Revisão **Agnaldo A. Oliveira** *e* **Jaci Dantas**
Produção gráfica **Cíntia M. da Silva**
Imagem de capa **Photodisc/Getty Images**

Agradecimento **Dr. Marco Túlio de Mello**

Dados Internacionais de Catalogação na Publicação (CIP)
(Câmara Brasileira do Livro, SP, Brasil)

Lecendreux, Michel
Sono / Michel Lecendreux ; prefácio do prof. Christian Guilleminault ; tradução de Flávio Quintiliano. – São Paulo : Larousse do Brasil, 2003. – (100 perguntas e respostas)

Título original: Réponses à 100 questions sur le sommeil

1. Perguntas e respostas 2. Sono – Distúrbios – Prevenção – Obras de divulgação I. Guilleminault, Christian. II. Título. III. Série.

03-1914 CDD-616.8498
NLM-WM 188

Índice para catálogo sistemático:
1. Sono : Distúrbios : Neurologia : Medicina 616.8498

ISBN 2-263-03113-8 (edição original)
ISBN 85-89030-60-1

1ª edição brasileira: 2003

Direitos de edição em língua portuguesa, para o Brasil, adquiridos por
Larousse do Brasil Participações Ltda.
Rua Afonso Brás 473, cj. 166 – São Paulo/SP – CEP 04511-011
Tel. (11) 3044-1515 – Fax (11) 3044-3437
E-mail: info@larousse.com.br
Site: www.larousse.com.br

Sono

100 PERGUNTAS E RESPOSTAS

Dr. Michel Lecendreux

Consultoria e prefácio

Dr. Flávio Alóe

Neurofisiologista e clínico do Centro de Sono do Hospital das Clínicas (USP)

Tradução

Flávio Quintiliano

LAROUSSE
Cultura para todos

Sumário

Capítulo 2

O sono da criança

Capítulo 3
O sono do adolescente

Capítulo 4
O sono do adulto

Capítulo 6
O laboratório de sono

Capítulo 7

Apêndice

Guia prático

Prefácio da edição brasileira

Como médico, já conheci o drama de muitas pessoas que sofriam de algum transtorno do sono. Vi pessoas andarem durante o sono, outros dormirem em plena consulta. Vi ainda pacientes muito nervosos, porque não conseguiam dormir durante dias seguidos.

Como cidadão, entretanto, consegui subtrair dessas situações os aspectos científicos, geralmente mais frios, para poder enxergar melhor as cores reais desses dramas pessoais. Aí, sim, pude constatar o desespero de pais que tentavam solucionar os problemas de sono do filho pequeno que ia mal na escola, que era chamado de preguiçoso pelos colegas, porque dormia durante a aula. Descobri casais que, à beira de uma separação, se reconciliaram felizes, após terem tratado com eficácia um problema de ronco excessivo. Acompanhei reviravoltas de ótimos profissionais, pessoas que se recuperaram após tratar sua insônia e viram sua carreira e vida pessoal florescer de novo.

Esses são pequenos grandes exemplos de como o sono afeta diretamente a vida das pessoas. Só isso bastaria para justificarmos a ótima notícia de estarmos ganhando, aqui no Brasil, uma edição em português da obra do Dr. Michel Lecendreux.

Sono – 100 perguntas e respostas é praticamente um guia, de consulta fácil, sobre como podemos desenvolver hábitos melhores para um sono eficaz. Afinal, a ciência aprendeu mais sobre o sono e seus distúrbios nos últimos 60 anos do que em seis mil anos de existência! A compreensão contemporânea sobre o sono começou em 1937, quando Harvey, Hobart e Davis, da Universidade de Harvard, em Boston, nos Estados Unidos, descreveram as ondas cerebrais do eletroencefalograma durante o sono em seres humanos.

A medicina do sono é hoje uma realidade e já comemora uma data muito especial: 50 anos da descoberta do sono REM. Em 1953, ocorreu a identificação do tão famoso estágio do sono com sonhos, o sono com movimentos oculares rápidos ou o sono REM (REM, do inglês *rapid-eyes-movement sleep*), por Aserinsky e Kleitman. Esse fato iniciou uma nova era no entendimento e pesquisa dos problemas relacionados ao sono.

No Brasil, as primeiras iniciativas de ordem prática foram feitas a partir de 1985, com a criação de um laboratório de sono em Porto Alegre pelo Dr. Denis Martinez e, em Recife, com o Dr. Salustiano Gomes Lins. Hoje, felizmente, já contabilizamos cerca de uma centena de laboratórios de sono em todo o país (ver endereços úteis na p. 304).

Sono – 100 perguntas e respostas está organizado em sete capítulos, com os temas reunidos por idade, para facilitar a consulta. Dessa maneira, a leitura pode ser feita de forma aleatória, segundo os interesses de cada um. Este livro tem respostas práticas para as dúvidas mais comuns em cada fase da vida: do sono do bebê ao do adolescente, do sono dos adultos ao dos idosos.

Eu aconselho a leitura da obra por inteiro, porque isso é um grande prazer. O vocabulário aqui é acessível, a redação de fácil compreensão, tabelas e gráficos complementam informações: tudo isso prende a atenção do leitor e o ajuda a entender as etapas evolutivas do sono normal, os transtornos nas diferentes idades e tantos outros aspectos do sono.

Os capítulos 2 e 3 são particularmente interessantes porque enfocam o amadurecimento e os possíveis desvios de um sono normal, desde os primeiros anos de vida até a adolescência. Essas são etapas fundamentais do desenvolvimento biológico do ser humano e do amadurecimento do sono, época em que se sedimentam diferenças sócio-culturais que passam a interferir na criação dos filhos (maus hábitos e anormalidades) – enfim, comportamentos que podem gerar verdadeiros transtornos do sono. Exemplos de casos clínicos reais, com sugestões de soluções, ajudam a compreender melhor todos os temas.

O capítulo 6 é de suma importância porque familiariza o leitor com o mundo do laboratório de sono. Aqui está detalhado o que é o exame de polissonografia – e por que ele costuma ser solicitado ao paciente. O último capítulo é um teste para você, leitor, checar se realmente aprendeu tudo sobre o sono. São situações que todo mundo já vivenciou um dia. Nessa parte, o livro traz interferências objetivas e úteis do autor, o Dr. Michel Lecendreux.

Sono – 100 perguntas e respostas é um livro que vai iluminar a vida de todos, esclarecendo dúvidas sobre os mecanismos do sono e como isso afeta a saúde física, mental, emocional e profissional.

Recomendo aos leitores apreciar esta obra de uma única vez, como eu mesmo fiz. E que isso seja uma atividade prazerosa, e não apenas um recurso para espantar os fantasmas desconhecidos de uma noite de insônia.

Dr. Flávio Alóe

Médico neurofisiologista e clínico do Centro Interdepartamental para os Estudos do Sono do Hospital das Clínicas da Faculdade de Medicina da Universidade de São Paulo (USP)

Nota editorial

Esta obra foi preparada e redigida com todo o apuro e cuidado. Em razão da amplitude dos temas abordados, pode conter alguma falha. Os editores não são responsáveis pelas conseqüências de qualquer interpretação errada do texto. Deve-se lembrar, sempre, que os livros constituem fontes de referência importantes, mas nenhum texto escrito pode substituir a consulta a um médico. Evite a automedicação.

Prefácio da edição original

Há cerca de 30 anos, eu me encontrava no escritório do meu chefe, que era professor do Hospital de la Salpêtrière e decano da Faculdade de Medicina de Paris. Com a energia típica de um jovem em início de carreira, eu defendia meu projeto para criar um serviço de medicina do sono. Levava sob o braço um relatório imponente, que incluía até um orçamento detalhado. A resposta foi categórica: "Ora essa, Guilleminault, o sono é coisa para sonhadores!". Com muito sacrifício, consegui uma bolsa da Sociedade Médica dos Hospitais de Paris – e por apenas um ano, "enquanto durasse a juventude"... Ao longo daquele ano, no entanto, lutei para demonstrar a pertinência de meus postulados, ao examinar, tratar e monitorar o sono de mais de 400 pacientes, com a ajuda de médicos residentes e estudantes. Pela primeira vez, uma verdadeira "medicina do sono" tornava-se realidade.

Mas esta modalidade médica, ignorada na França, só serviu para convencer uma única pessoa, o Prof. William C. Dement, neurofisiologista do sono, na época funcionário do Serviço de Psiquiatria e Ciências do Comportamento da Califórnia, nos Estados Unidos. A esperança dele, na época, fato bastante justificável, era a de ser reconhecido pela descoberta que fez de um tipo de sono específico, o sono paradoxal ou "sono dos sonhos".

Ele se deixou seduzir pela idéia de que poderia mesmo existir uma verdadeira "medicina do sono", baseada na hipótese de que funções vitais como a respiração, os batimentos cardíacos, o funcionamento dos rins e o sistema digestivo pudessem sofrer modificações durante o sono.

Vincent Zarcone, seu colega e assistente, em visita à Europa, levou essas notícias até a Califórnia, e foi assim que eu voei, em janeiro de 1972, rumo à Universidade de Stanford, nos Estados Unidos, onde finalmente teria condições de desenvolver a "medicina do sono", que nasceu perto da Porte Dorée, em Paris, e foi "testada" inicialmente no Hospital de la Salpêtrière.

"Por que escrever um livro sobre o sono?", poderia perguntar o leitor. Ao estudar a história da medicina, é raro encontrar uma especialização na qual tudo foi construído em um espaço de tempo tão curto. Isso explica por que escrever sobre o sono, mesmo que existam outros livros, uma vez que registramos em relação ao tema um desenvolvimento científico e médico sem precedentes.

Antes de tudo, porém, é preciso considerar que o livro de Michel Lecendreux faz um apanhado bastante completo dos progressos recentes nessa área. Ele vem contribuindo ativamente para as pesquisas clínicas sobre o sono, o que justamente lhe proporciona uma visão atualizada dos problemas aqui abordados.

O sono é uma disciplina médica peculiar. É raro que um médico veja seu paciente dormir durante a consulta! Em geral, o primeiro a perceber que "alguma coisa está errada" é o parceiro ou os pais do paciente. Quem nunca se sentiu absolutamente sozinho, no meio da noite, sem conseguir dormir em um mundo adormecido? Quem nunca se preocupou com o ronco ou a respiração irregular de um membro da família durante o sono? É fundamental prestar atenção a alguns sinais, saber dar importância a este ou aquele sintoma. Identificar os transtornos do sono o mais cedo possível e procurar tratamento adequado são medidas que podem prevenir eficazmente outros problemas de saúde, alguns deles graves.

Por fim, o livro de Michel Lecendreux responde, de maneira pertinente, às perguntas formuladas por muitos de nós. Baseando-se em exemplos concretos, o autor explica, em linguagem clara e precisa, quais são os transtornos do sono mais comuns nas diferentes fases da vida, e o que se pode fazer para evitá-los. Por que Clara, de 15 meses, acorda tantas vezes durante a noite? Como tranqüilizar os pais de Celso, que movimenta a cabeça para adormecer? Como ajudar a estudante Camila a não pegar no sono durante a aula? Que conselhos dar a X*, que sofre de insônia e toma hipnóticos regularmente? Como dormir melhor durante a gravidez? Qual o tratamento adequado para W, que ronca e sofre de apnéias durante o sono? Como ajudar a X, de 42 anos, para que não acorde mais às 4h da manhã? Estas são apenas algumas das perguntas abordadas neste livro.

É bastante confortador e original encontrar aqui, em poucos instantes, uma resposta útil para cada problema, a resposta de um médico especialista que acumulou sólida experiência como clínico do sono, ao atender crianças e adultos. Os leitores que folhearem esta obra vão perceber rapidamente que encontraram uma solução para seus problemas, uma resposta para suas perguntas.

Finalmente, um livro destinado a circular de mão em mão e que não vai deixar ninguém cair no sono!

Dr. Christian Guilleminault
Médico, doutor em biologia e professor da Stanford University Medical School Sleep Disorders Clinic and Research Center (Califórnia, Estados Unidos)

***Nota editorial**

Esta obra utiliza dois critérios para citar pacientes de casos clínicos: letras maiúsculas para quem não quis se identificar, e nomes aportuguesados para quem se identificou.

Introdução

O sono é um verdadeiro termômetro de nossa saúde física e mental. Dormir bem costuma ser considerado um privilégio – e é sinal de boa saúde.

O sono é uma atividade essencial que ocupa quase um terço de nossa vida. Durante o sono, nosso cérebro continua funcionando, e vários processos são desencadeados. Hoje, conhecemos duas fases principais do sono, mas muitos aspectos dessa função essencial ao organismo permanecem obscuros. A cada dia, a pesquisa sobre o sono fornece respostas, mas ao mesmo tempo suscita novas interrogações. Afinal de contas, compreender o sono significa investigar o funcionamento de nosso órgão mais complexo: o cérebro.

A evolução ainda recente de uma verdadeira medicina do sono traz respostas cada vez mais precisas para as queixas de pessoas com transtornos do sono. O que é apnéia do sono? Como evitar a insônia? E o que fazer quando uma criança não consegue adormecer? Qual a relação entre sono e depressão?

Este livro se propõe a responder às perguntas mais freqüentes a esse respeito e que afetam todas as fases da vida.

capítulo 1

Por que escrever um livro sobre o sono?

O objetivo desta obra é responder às perguntas mais freqüentes sobre o estado físico do sono, que continua desafiando a ciência em vários pontos de vista. Este livro se dirige ao grande público e aborda todas as fases da vida, do bebê ao idoso, do homem de negócios estressado à mulher grávida. Traz informações sobre a fisiologia do sono, indispensáveis para sua compreensão, mas também orienta o leitor sobre as maneiras concretas de dormir melhor e as soluções terapêuticas para combater os transtornos do sono.

Mas é tão importante "não deixar que os sonhos passem"?

Como na canção do compositor e cantor francês Michel Berger, nossos sonhos, assim como nosso sono e o de nossos filhos, são importantes demais para serem encarados com negligência ou descaso. Cada um de nós dispõe de um "capital de sono". Precisamos administrá-lo, conservá-lo, usá-lo da melhor maneira, transmitir a nossos filhos o conhecimento sobre essa atividade essencial, a qual temos em comum com a maioria dos seres vivos. Para além do fascínio que esse estado nos inspira, temos de "despertar" para o fenômeno do sono e ensinar nossos filhos a dormir melhor. Ainda é tempo. Não podemos "deixar que os sonhos passem". Esperamos que este livro contribua nesse sentido.

1 Como definir o sono?

Sem dúvida, é mais fácil responder a esta pergunta afirmando que o sono não existe. O sono não é um estado de vigília, no qual o indivíduo consegue interagir com o ambiente ao redor. E nem é um estado de perda de consciência – como no caso do coma, ou de uma pessoa sob anestesia. Uma das características do sono é sua reversibilidade imediata: sempre é possível despertar uma pessoa adormecida. Por outro lado, a própria pessoa adormecida tem dificuldade para compreender o estado em que se encontra. Por exemplo, ela não tem condições de saber que está dormindo.

O sono é uma função fisiológica complexa, natural, necessária ao organismo e ao cérebro, para restaurar um padrão ideal de funcionamento do corpo. No plano fisiológico, conhecer e definir o estado de sono pressupõe a compreensão da vigília, pois muitas vezes o sono só é possível quando os mecanismos que mantêm o estado de vigília são desativados. O sono se caracteriza por uma mudança da atividade elétrica cerebral, que pode ser visualizada por meio do registro eletroencefalográfico.

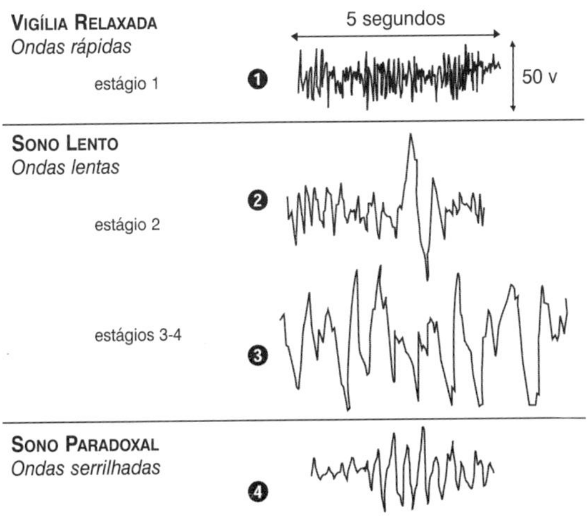

Na figura acima, vemos a atividade elétrica do cérebro por eletroencefalografia. O estágio 1 mostra as ondas rápidas do estado de vigília relaxada. Os estágios 2 e 3 mostram as ondas lentas e de grande amplitude do sono de ondas lentas. O estágio 4 mostra as ondas de freqüência rápida do sono paradoxal, ou sono REM (*rapid-eyes-movement*).

Por que o interesse pelo sono?

Porque o sono influencia todas as pessoas, as que dormem bem e as que dormem mal. Quase um terço de nossa vida transcorre nesse estado, ignorado por tanto tempo, que é o sono. Só recentemente os pesquisadores se interessaram pelo sono como tal, sua fisiologia e seu papel no desenvolvimento do indivíduo e da sua personalidade. Compreender melhor o sono ajuda a dormir melhor. Saber administrar o sono leva a uma melhoria do desempenho e do funcionamento do organismo durante o dia. É preciso conhecê-lo melhor, já que o sono traz tantas implicações para a saúde física e mental de cada um.

2 Por que o interesse pelos transtornos do sono?

O sono é um problema grave de saúde pública na França e na maioria dos países industrializados, incluindo o Brasil. Cerca de 70% dos franceses se queixam da quantidade ou qualidade de seu sono. Calcula-se que entre 20% e 30% da população mundial sofre de insônia, e 10% sofre de algum tipo de insônia grave.

A evolução recente dos conhecimentos a respeito do sono e a criação de uma verdadeira medicina do sono tornaram possíveis, para cada indivíduo, soluções cada vez mais precisas para suas dificuldades específicas. O objetivo deste livro é responder às perguntas mais freqüentes sobre o sono e orientar o leitor para que encontre soluções práticas ou, ainda, para facilitar seu acesso aos especialistas em medicina do sono.

Quais são as conseqüências de se dormir mal?

No plano coletivo, são desastrosas. Na França, a repercussão do custo direto da insônia é avaliada em vários milhões de euros por ano, valor que chega a bilhões de dólares nos Estados Unidos. As conseqüências também devem ser avaliadas em virtude do consumo de hipnóticos e tranqüilizantes. Estudos comprovam que o consumo de hipnóticos é mais elevado na França do que em outros países europeus. No Brasil, pesquisas sobre consumo de hipnóticos e tranqüilizantes realizadas pelo Instituto do Sono da Universidade Federal de São Paulo, sob coordenação do médico especialista em sono Dr. Sérgio Tufik, revelam que 30% das mulheres apresentam esse tipo de transtorno.

Os efeitos desastrosos dos transtornos do sono e da vigília nos acidentes de trânsito são uma realidade cada vez mais evidente. A sonolência dos motoristas pode ser mortal. Calcula-se que ela seja responsável por 10% dos acidentes de trânsito graves na França, e por 24 mil mortes anualmente nos Estados Unidos. Já no Brasil ainda não existem estatísticas confiáveis sobre isso. No entanto, os dados mais otimistas indicam que morrem em acidentes de trânsito no Brasil entre 20 mil e 50 mil pessoas por ano. Considerando que os dados internacionais revelam que desse total de acidentes entre 26% e 32% são causados por sonolência ao volante, dá para se ter uma idéia da extensão do problema.

Além disso, estima-se que, desde o início do século XX, a duração do sono diminuiu 20% pela simples mudança de nossas condições de vida. Essa "dívida de sono" não deixa de afetar a saúde. Provavelmente, as conseqüências da privação crônica de sono para o equilíbrio mental ainda são subestimadas. A diminuição da resistência ao estresse, a ansiedade e a depressão são transtornos graves, que parecem ter relação estreita com um sono insuficiente.

Por que ter um "Dia Internacional do Sono"?

Com o objetivo de sensibilizar o grande público para a importância do sono e as conseqüências de seus transtornos, no dia 21 de março se comemora o Dia Internacional do Sono. Essa iniciativa, batizada de "Open your eyes to sleep" ("Abra seus olhos para o sono"), teve sua primeira edição no dia 21 de março de 2001 e permitiu aos interessados conhecer especialistas da área, colher informações e visitar um laboratório de sono.

Esse evento, promovido a cada ano no primeiro dia de primavera no hemisfério norte (ou outono no hemisfério sul), é realizado sob a iniciativa da International Foundation for Medical Health and Neurosciences (Fundação Internacional para a Saúde Mental e Ciências Neurológicas).

3 Por que uma medicina do sono?

Por muito tempo, o sono foi um estado mental desconhecido, que não merecia ou não permitia a investigação médica. Foi só nos últimos 30 anos que a medicina do sono ganhou impulso, primeiro nos Estados Unidos e depois na maioria dos países industrializados, inclusive na França.

A evolução das técnicas de monitorização do cérebro permitiu a descoberta de vários estágios do sono, e, em seguida, de transtornos que só ocorrem durante o sono, como as apnéias. A repercussão dessas afecções para a saúde e para a qualidade de vida levou à conclusão de que o sono abriga um risco potencial. A ocorrência de algumas afecções respiratórias e cardíacas (hipertensão arterial, infarto do miocárdio) pode prejudicar seriamente a saúde das pessoas atingidas.

A medicina do sono, portanto, oferece possibilidades novas para diagnosticar e tratar transtornos que vinham sendo ignorados, mas que podem afetar a qualidade de vida, ou até mesmo o prognóstico vital dos pacientes.

4 Por que o interesse pelo sono nas diferentes fases da vida?

Como todas as funções fisiológicas, o sono está sujeito ao envelhecimento. Cada fase da vida tem uma qualidade e uma quantidade de sono diferentes. Assim sendo, é inútil comparar o sono de um recém-nascido ao de uma criança de três anos. O contraste entre o sono infantil, o sono de um adulto e o de um idoso é ainda maior. Nas várias fases da vida, os tempos de sono são diferentes, assim como a quantidade dos seus diferentes estágios, a maneira de adormecer e os momentos do dia em que o sono é possível ou impossível. É verdade que as alterações mais notáveis de nosso equilíbrio vigília/sono ocorrem nos primeiros meses de vida. Um recém-nascido, por exemplo, adormece facilmente em sono paradoxal, enquanto isso é praticamente impossível para uma criança em idade escolar. Mas as alterações se prolongam ao longo de toda a nossa vida. Para nos adaptarmos melhor, temos de compreendê-las.

Qual a importância do sono para a maturação do cérebro?

O sono tem importância fundamental para a maturação do cérebro e a maturação dos circuitos neuronais. Segundo uma hipótese sedutora, formulada recentemente, o sono permitiria testar, fora do período de vigília, o bom funcionamento da máquina neuronal, estimulando, além disso, a formação precoce dos circuitos neuronais e conexões sinápticas essenciais na criança. De certa forma, essa função pode ser comparada ao funcionamento de um computador, cujos circuitos elétricos precisam ser testados desde o momento em que a corrente elétrica é ligada.

5 É preciso aprender a dormir?

Sim, por causa dos problemas que o sono mal-assimilado é capaz de gerar. Desde que nascemos, os fatores relacionados ao ambiente agem sobre o ritual do sono, seus ritmos, sua higiene. Sabe-se, por exemplo, que as intervenções freqüentes dos pais estimulam o bebê a acordar durante a noite e pedir atenção. Na criança em idade escolar, um "ritual da hora de dormir" pouco eficaz, que não prepara a transição da vigília para o sono, pode causar ansiedade e dificuldades de separação dos dois momentos na ida para a cama. No adolescente, o sono insatisfatório, horários confusos para dormir e acordar, podem causar um verdadeiro transtorno do ritmo vigília-sono. No adulto jovem, a exposição a determinados fatores que contrariam o sono pode provocar as chamadas "insônias condicionadas". No adulto ou no idoso, a automedicação e o desconhecimento sobre o uso de hipnóticos podem levar ao consumo prolongado desses medicamentos, o que acaba gerando dependência e um agravamento da queixa de insônia.

Em cada fase da vida, uma "avaliação dos locais de sono" pode ser necessária para facilitar a transição para a próxima "etapa de sono" da vida.

Como administrar o "capital de sono"?

O sono é um "capital de saúde" necessário para garantir o desenvolvimento harmonioso das funções cerebrais na infância, para conservá-las na idade adulta e, provavelmente, para frear seu declínio com o envelhecimento. No que diz respeito ao sono, não somos todos iguais. Alguns dormem pouco, outros dormem muito. Alguns desenvolvem insônias ou transtornos que interferem na qualidade do sono, outros conseguem dormir normalmente. Aprender a dormir melhor, insistir desde a infância sobre a higiene do sono e, em seguida, "administrar" seu sono em todas as fases da vida, pode contribuir decisivamente para evitar a aquisição de atitudes ou hábitos nocivos, e para adaptar seu comportamento de sono ao estilo de vida contemporâneo.

É possível constituir uma "reserva de sono"?

Não a longo prazo. O sono não pode ser "estocado". Durante a noite, o sono permite uma reposição de energia que será consumida no dia seguinte. Por outro lado, para não contrair uma "dívida de sono", é preciso evitar dormir muito tarde na véspera de um exame ou acordar muito cedo no dia da prova. E deve-se fazer uma sesta de 15 minutos sempre que possível.

6 O que fazer quando se dorme mal?

Em primeiro lugar, é preciso consultar um médico. Na França, uma pesquisa nacional realizada pelo instituto de pesquisas de marketing e opinião SOFRES, em 1999, mostrou que a insônia afeta 75% dos franceses. No entanto, poucas pessoas que sofrem de insônia consultam um médico por esse motivo. Segundo essa pesquisa, 84% dos entrevistados não pensariam em consultar um médico por causa desse problema. Só 14% procuraram auxílio médico, isso porque sofriam de insônia grave. Hoje em dia, sabe-se que é importante intervir cedo, assim que começam as dificuldades com o sono, para evitar uma instalação permanente do transtorno. No Brasil, apenas cerca de 20% das pessoas chegam a fazer tratamento por causa de queixas de insônia.

Que tipo de médico é preciso consultar?

O clínico-geral é o interlocutor privilegiado para responder às perguntas dos pacientes que sofrem de transtornos do sono. Ele pode encaminhá-los para uma consulta especializada, quando existir a necessidade de uma avaliação mais precisa. Para algumas patologias, a consulta especializada pode recomendar uma polissonografia (registro do sono).

É possível medir o sono?

A função do laboratório de sono é medir o sono, sim, a partir de dados objetivos, registrados durante a noite do paciente. Dessa forma, é possível quantificar o sono, traduzi-lo em números, percentagens ou estatísticas. Obtidos por meio de sensores colocados no couro cabeludo, no rosto, no tórax, no abdômen, os dados são expressos em forma de sinais e avaliados como "normais" ou "anormais". Obter uma medição objetiva do sono pode ser um passo decisivo para formular um diagnóstico e propor um tratamento. Mas a sensação de ter dormido bem ou mal é um sentimento subjetivo, que não se pode medir, mas que deve ser levado em conta para a compreensão dos dados objetivos.

E quando meu filho dorme mal?

Existem soluções para todas as idades. Fale o quanto antes sobre isso com pediatra de seu filho ou clínico-geral, sem esperar por uma data hipotética a partir da qual tudo se resolveria (idade de aprender a andar, entrar na escola, nascimento de um irmão ou irmã etc.). Existem clínicas especializadas no sono de crianças que podem propor soluções para evitar que as noites de toda a família se tornem um pesadelo.

Onde se consegue informação?

Uma lista dos centros e clínicas de transtornos do sono existentes no Brasil pode ser consultada no final deste livro (ver endereços úteis na p. 304). Fale com seu médico a esse respeito. Algumas clínicas são especializadas em tratamentos específicos (apnéias durante o sono, sonolência excessiva, insônias etc.) no adulto e na criança. Sua função é formular um diagnóstico preciso e propor ou iniciar um tratamento. O acompanhamento posterior será feito pelo médico.

7 Pode existir um "sono geneticamente modificado"?

A genética assume um lugar cada vez mais decisivo no campo da medicina e das aplicações terapêuticas. O sono, assim como muitas outras funções, é regulado por vários genes que ainda não foram reconhecidos. Descobertas recentes, sobretudo no caso de algumas doenças, como a narcolepsia (sonolência excessiva), apontaram genes diretamente implicados na ocorrência do transtorno. Não é ilusão pensar que o tratamento genético de doenças como a narcolepsia ou de algumas insônias seja possível em um futuro próximo.

capítulo 2

O sono da criança

AS CARACTERÍSTICAS DO SONO DO BEBÊ E DA CRIANÇA

8 Quais as diferenças entre o sono do bebê e do adulto?

As diferenças são muitas, sobretudo no que diz respeito à quantidade de sono: nos seis primeiros meses de vida, os bebês dormem cerca de 16 horas por dia, enquanto os adultos dormem em média oito horas.

A maneira de adormecer também é muito diferente: até a idade de três meses, o bebê, ao adormecer, quase sempre inicia o sono pelo sono paradoxal (sono REM), enquanto o adulto, ao adormecer, inicia o sono pelo sono de ondas lentas ou sono não-paradoxal. Conforme a criança vai crescendo, as quantidades de tempo em sono profundo (sono NREM) e paradoxal diminuem. O sono paradoxal (sono REM) ocupa até 60% do sono total no início da vida, e diminui rapidamente nos nove primeiros meses. Em seguida, ele passa a representar de 20% a 25% do sono total, como no caso do adulto. O número de episódios de sono paradoxal diminui, passando de seis a quatro, em média. Durante os primeiros anos, a quantidade de sono lento e profundo continua estável na criança (cerca de 30% do tempo de sono total), depois diminui progressivamente, chegando a menos de 25% do sono total no adulto.

As fases do sono do recém-nascido

- Sono agitado (chamado "sono paradoxal" depois da idade de três meses): presença de movimentos corporais, mímicas faciais, movimentos oculares rápidos. Ritmos respiratório e cardíaco irregulares.

- Sono calmo (mais tarde chamado "sono de ondas lentas"): ausência de movimentos corporais, de mímicas faciais e de movimentos oculares rápidos. Ritmos respiratório e cardíaco regulares.

A DURAÇÃO DO SONO

9 Quanto tempo meu bebê deve dormir?

A duração média do sono varia conforme a idade. Os recém-nascidos dormem 16 horas em média, com variações consideráveis para cada bebê, em um total de 14 a 20 horas de sono a cada 24 horas.

Com cerca de um ano de idade, a maioria das crianças dorme um longo período contínuo durante a noite, com uma sesta de manhã e outra de tarde, em um total de 12 a 14 horas de tempo de sono por dia.

Por que o bebê não dorme a noite toda desde as primeiras semanas de vida?

No início da vida extra-uterina, o sono se distribui constantemente ao longo de 24 horas. É o que se costuma definir como "sono polifásico". Os períodos de sono ocorrem em forma de longas sestas, e o período noturno não escapa a essa regra. Pouco a pouco, sob a influência de fatores circadianos, o sono se consolida no período da noite. Isso costuma durar algumas semanas, e o despertar continua sendo possível, principalmente durante as fases de sono "agitado". Essa maturação pode ser mais rápida em uma criança ou em outra, inclusive entre irmãos. Da mesma forma, alguns bebês aprendem cedo a se acalmarem sozinhos, e assim têm mais condições de adormecer facilmente, enquanto outros levam mais tempo para adquirir essa competência.

A partir de que idade o bebê consegue dormir a noite toda?

Existem muitas diferenças entre cada criança! Algumas consolidam seu sono noturno desde as primeiras semanas de vida, outras demoram de três a seis meses. Nos primeiros anos de vida, acordar durante a noite é possível e até mesmo normal para um grande número de crianças. Geralmente, o despertar dura pouco, e a criança volta a adormecer sem ajuda. Algumas crianças manifestam seu despertar mais sistematicamente do que outras, e precisam da intervenção de um adulto para voltar a adormecer. Geralmente, despertares noturnos ocorrem no meio e no fim da noite, depois de uma fase de sonhos.

A partir dos cinco anos de idade, o sono da noite é mais contínuo e o despertar noturno se torna menos freqüente.

ACONTECIMENTOS DURANTE O SONO

10 Meu bebê sorri, faz caretas ou se mexe durante o sono. Isso é normal?

Isso não significa que o bebê esteja sentindo dores ou dormindo mal. As mímicas faciais são visíveis no bebê durante o sono agitado. Muitas vezes, as mímicas exprimem a vida emocional e relacional. Se você observar com atenção o sono do bebê, poderá reconhecer expressões de surpresa, raiva, medo, aborrecimento, tristeza e alegria, inclusive quando o bebê sorri "para os anjinhos", às vezes, desde as primeiras horas de vida.

Durante o sono, as seguintes reações são normais no bebê:

- Suspirar
- Bocejar
- Dar pequenos gritos e grunhidos
- Mexer o corpo (alongamento, flexão etc.)
- Mudar de posição
- Mexer os olhos (com as pálpebras fechadas ou entreabertas)

Meu bebê sempre acorda à noite! Por quê?

O despertar noturno é normal em inúmeros casos. Pode corresponder à transição de uma fase de sono para outra, ou ocorrer depois de uma fase de sono paradoxal. Costuma ser breve e nem sempre leva à vigília total. Por fim, é mais freqüente no meio e no fim da noite.

Ao adormecer, meu bebê agita violentamente os braços e as pernas. Isso é preocupante?

Esses sobressaltos, ou mioclonias do adormecer, são normais durante o adormecer. São especialmente visíveis nos membros inferiores e correspondem à flexão rápida da perna sobre a coxa. Às vezes, podem acordar a criança.

Como saber se meu bebê está sonhando?

Observando atentamente o rosto do bebê, podem-se adivinhar os movimentos dos olhos sob as pálpebras. São movimentos rápidos, entrecortados, característicos do sono paradoxal.

Também é possível observar movimentos muito limitados da boca, da comissura dos lábios, do queixo ou da testa, que são breves contrações musculares chamadas "abalos musculares" (*twitches*).

Outros parâmetros fisiológicos também se modificam. É o caso da respiração, que se torna mais rápida e irregular, ou ainda da freqüência cardíaca, que aumenta.

A HIGIENE DO SONO

11 A que horas devo colocar meu bebê no berço?

Evidentemente, isso depende da idade e das necessidades de sono do bebê. A maioria das crianças pode ir para o berço entre 19h30 e 20h30. Escolher um momento de calma facilita o adormecimento.

Quando as condições do ambiente são propícias e ideais, o adormecimento pode ser obtido facilmente e sem resistência. Às vezes, ocorrem dificuldades com as crianças que precisam de um adulto para adormecer. Nesse caso, a ida para o berço e o adormecimento podem atrasar até às 22h ou 23h, mesmo em bebês muito pequenos.

Quando meu bebê acorda de "mau humor", isso significa que ele dormiu mal?

Às vezes, a criança se sente desorientada ao despertar. O estado de consciência depende do estágio de sono em que ela estava no momento em que acordou. Despertar uma criança em sono profundo pode provocar um estado confuso, irritabilidade e choros. Isso pode ocorrer depois de uma sesta, por exemplo. Quando a criança acorda mal, com dificuldade ou de mau humor toda manhã, é preciso verificar se ela está dormindo pelo tempo necessário, ou se a qualidade de seu sono está sendo afetada.

Uma sesta no fim da tarde pode perturbar a ida para a cama à noite?

É importante organizar as sestas de acordo com a idade da criança e suas necessidades de sono. Uma sesta no fim da tarde ou, ao contrário, muito cedo pela manhã pode prejudicar o adormecimento e o sono da noite. O número de sestas ao longo do dia depende da idade da criança. Manter uma "agenda do sono" por alguns dias é útil para determinar o momento em que a criança sente vontade de dormir e para estabelecer uma regularidade no planejamento das sestas.

Sesta: a medida exata

- De zero a cinco meses: entre quatro e seis episódios de sono durante o dia.
- Por volta de seis meses: uma sesta de manhã, uma no início da tarde e outra no fim da tarde.
- De nove a 14 meses: uma sesta no fim da manhã e outra no início da tarde.
- A partir de 16 meses: uma sesta no início da tarde.
- Fim das sestas por volta dos cinco anos. Nessa idade, o adormecimento ainda é possível em situações de monotonia (trajeto de carro ou trem etc.).

Os dados citados refletem médias estatísticas. Algumas crianças abandonam a sesta por volta dos dois anos, outras a mantém até depois dos quatro anos.

12 Que precauções são necessárias para colocar o bebê no berço?

A posição de costas para baixo ou de lado é recomendável, pois reduz os riscos de morte do bebê. Também convém evitar que a criança cubra o rosto com lençóis ou edredom. A temperatura do quarto deve ser de aproximadamente 19 °C. Evite deitar a criança em um sofá ou em uma cama sem grades (cama dos pais), por exemplo, por causa do risco de quedas.

Situações que devem ser evitadas

- Criança deitada de barriga para baixo, com o rosto voltado para o travesseiro ou o colchão.
- Rosto da criança coberto pelos lençóis, pelo travesseiro, pelo ângulo da cama etc.
- Cama compartilhada com os pais ou com os irmãos e irmãs.
- Berço que não oferece segurança (grades não-adaptadas, colchão, rodapé, mosquiteiro etc.).
- Local de dormir não apropriado (berço inadequado, sofá, cama dos pais etc.).

Essas situações devem ser evitadas, pois podem causar a morte da criança.

Quando se deve trocar o berço pela cama infantil?

Essa pergunta é feita com muita freqüência, quando os pais têm a impressão de que o berço com grades ficou pequeno demais para a criança e que uma cama infantil seria mais adequada para sua idade. No entanto, a transição para a cama infantil raramente é urgente antes dos dois anos e meio ou três anos. Nessa idade, a mudança de leito é possível quando a criança já aprendeu a ficar na cama e respeitar seus limites. Isso pressupõe o estabelecimento de um ritual do adormecer e do despertar. Para a criança que tem tendência a sair de seu berço com grades à procura do quarto dos pais, o uso da cama infantil não seria uma solução – ao contrário, poderia agravar essa tendência.

O que é preciso levar em conta no quarto do bebê?

- Aparelho que projeta sombras ou cores: a partir de alguns meses de vida, o bebê consegue seguir com os olhos uma luz projetada no teto. Alguns bebês são muito sensíveis aos estímulos visuais, e essas manchas luminosas que desfilam ao redor deles podem mantê-los acordados.
- Caixinha de música: a música tranqüiliza e acalma o bebê, mas também pode agir como um estímulo para algumas crianças muito sensíveis. Portanto, não é necessário acionar a caixinha várias vezes em seguida, ou sistematicamente a cada despertar.
- Berço com grades: o berço gradeado, de acordo com as normas de segurança, é o ambiente ideal para o sono da criança. É um espaço onde a criança está protegida. Não é aconselhável passar para a cama infantil antes da idade de dois anos e meio ou três anos, ou enquanto a criança ainda não conseguir adormecer sozinha no leito com grades.
- Bichinho de pelúcia: o bichinho de estimação ou objeto transicional facilita a separação na hora de dormir. Geralmente, a própria criança escolhe seu bichinho preferido. Ela pode ter vários ou nenhum. Os "consolos alimentares", como as mamadeiras, devem ser evitados.

- Chupeta: objeto intermediário entre a mamadeira e o bichinho de estimação, a chupeta costuma ser apreciada pelos bebês. Às vezes, ela substitui com vantagem o hábito de chupar o polegar, cuja eliminação pode ser muito difícil e cujos efeitos ortodônticos são prejudiciais. O maior problema da chupeta é que pode cair da boca, sem que a criança consiga encontrá-la. A partir de uma certa idade, é melhor que se encontre outra alternativa para a criança, em vez de espalhar várias chupetas no berço.
- Janela e cortinas: a penumbra é importante no quarto do bebê. A criança pode perfeitamente aprender a adormecer no escuro. A penumbra facilita o sono e o adormecimento.
- Mamadeira: a mamadeira costuma ser usada como recurso para adormecer ou para um despertar noturno. Cheia de água, leite ou suco de fruta, ela não deixa de ser uma causa freqüente do despertar noturno. A partir dos três meses de idade, a não ser em casos excepcionais, a criança pode aprender a dormir sem mamadeira. O ideal é ajudá-la a distinguir o comportamento alimentar e o comportamento de sono.
- Brinquedos: às vezes, o berço da criança fica atulhado de brinquedos. Como se trata de estímulos do despertar (ao contrário dos bichinhos de estimação), os brinquedos podem prejudicar o sono e prolongar o tempo de adormecimento.
- Lâmpada de criado-mudo: uma lâmpada de pouca intensidade luminosa pode ter efeito calmante em crianças de dois a três anos. No entanto, o excesso de luz não é aconselhável. O aprendizado do sono no escuro tem mais chances de sucesso quando é realizado precocemente.

- Abajur de teto: ele ilumina o ambiente. Deve ser apagado quando a criança dorme.
- Aquecedor: a temperatura do quarto deve ser de aproximadamente 19 °C. Assim, o aquecimento tem de ser moderado. O bebê deve ficar descoberto em caso de aquecimento excessivo ou de temperatura muito elevada no quarto.

13 Como saber se meu filho dorme o suficiente?

Média das horas de sono a cada 24 horas, conforme a idade

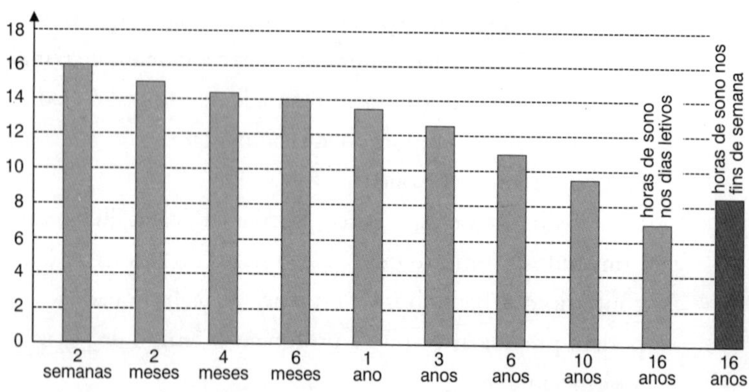

O tempo de sono a cada 24 horas diminui pouco a pouco no primeiro ano de vida, depois decresce até chegar a nove horas e meia por volta dos dez anos. Na adolescência, existem fortes variações entre as médias de sono nos dias letivos e nos fins de semana ou feriados – as necessidades fisiológicas de sono nem sempre são respeitadas.

Como fazer para que meu filho esteja em forma na escola pela manhã?

Antes de tudo, verifique se ele está dormindo pelo tempo suficiente e faça com que vá para a cama bem cedo, tanto na véspera dos dias letivos quanto nos fins de semana ou feriados. Verifique também se o sono dele é agitado ou entrecortado, se ele se queixa de cansaço ao acordar pela manhã e se ronca à noite. Para que ele recupere sua "dívida de sono", sempre que possível deixe-o dormir um pouco mais de manhã.

Também nesse caso, a "agenda do sono" é um recurso simples para medir o tempo de sono total, as diferenças entre os dias letivos e os fins de semana ou feriados, a regularidade dos horários de dormir e acordar.

A "agenda do sono", que você encontra na página seguinte, permite calcular os tempos de sono e de vigília da criança em um período de uma a duas semanas.

Você pode preencher esta agenda pessoalmente ou pedir às pessoas que cuidam de seu bebê durante o dia que registrem os tempos de sesta, por exemplo.

O horário em que a criança vai dormir deve ser assinalado com uma flecha para baixo. O horário de acordar, com uma flecha para cima. Os períodos de sono são preenchidos a lápis, e os de vigília são deixados em branco. Na margem esquerda, descreva brevemente suas intervenções quando a criança acorda.

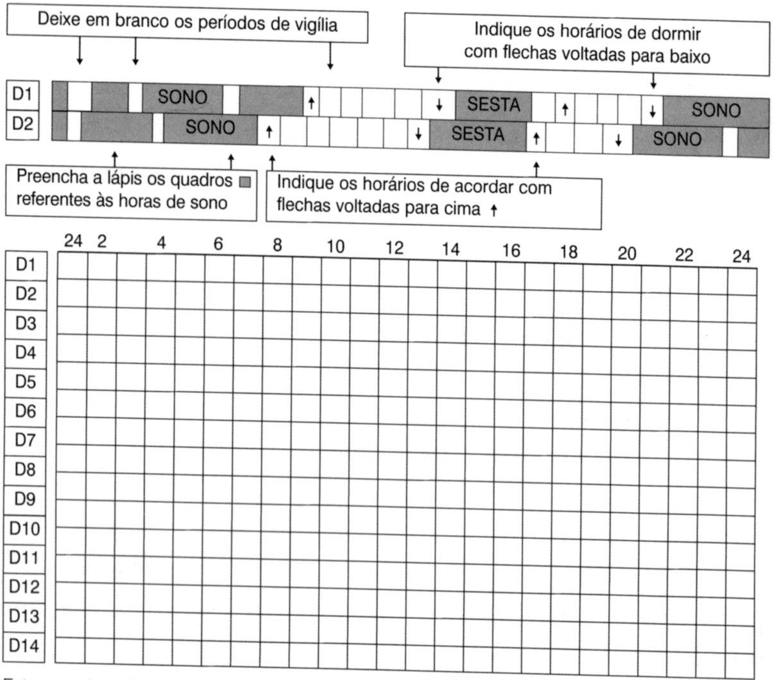

Esta agenda registra os tempos de sono de seu filho, seus horários preferidos para a sesta e os horários em que ocorre o despertar noturno. Faça uma cópia e não deixe de registrar suas observações no dia-a-dia.

Durante as férias prolongadas, quais são as conseqüências da mudança de ritmo no sono das crianças?

Muitas vezes, as férias provocam um relaxamento dos ritmos impostos à criança durante o ano letivo e uma ruptura de sincronização. Esse relaxamento pode contribuir para reforçar uma tendência natural no adolescente de adiar cada vez mais seus horários de dormir, tendência que também pode se observar nas crianças em idade escolar. A duração maior da luz solar, acentuada pela passagem ao horário de verão (pôr-do-sol tardio), reforça esse aspecto, indicando ao relógio biológico que a hora de dormir se situa depois do tempo habitual.

Quais são as causas e os efeitos dessa ruptura de sincronização?

O cérebro da criança, assim como o do adulto, está sujeito a ritmos biológicos controlados por um "relógio" situado no interior do cérebro (a glândula pineal). Quando esse relógio está desregulado, podem ocorrer perturbações graves, tanto diurnas quanto noturnas. O ritmo adotado durante as férias pode contrariar a seqüência necessária para uma boa volta às aulas. A passagem rápida de um ritmo frouxo (férias) para um ritmo tenso (período escolar) exige uma adaptação eficaz. Essa adaptação varia de acordo com o temperamento da criança (adaptação ao estresse, nível de ansiedade), sua idade, o grau de disparidade dos horários e a sua capacidade fisiológica de se adaptar a essa disparidade.

Uma sincronização adequada do ritmo vigília/sono é um fator essencial para a regularidade dos ritmos biológicos. Preservá-la é uma boa maneira de preparar seu organismo para uma mudança, como a volta às aulas.

Qual a vantagem da sincronização para a volta às aulas?

Em primeiro lugar, ela é importante no plano fisiológico, pois não se deve acumular cansaço ou uma "dívida de sono" antes do início do ano letivo. Essa dívida poderia se agravar durante as primeiras semanas de aula, levando a criança a um estado de fadiga em cerca de dois meses – ou seja, se as aulas tiverem sido iniciadas em fevereiro, já na Páscoa elas se encontrariam nesse estado. A vantagem da sincronização também é escolar. Uma boa volta às aulas é necessária para a criança se sentir confiante, reforçar o que aprendeu no ano anterior, conseguir se adaptar a um novo ambiente escolar, afirmar-se no plano escolar e social e organizar seus momentos de trabalho, descanso e lazer.

A ruptura de sincronização pode ser um fator de estresse?

As crianças se adaptam com mais ou menos facilidade aos horários impostos pela escola, conforme seus próprios ritmos biológicos (criança "da noite" ou "da manhã", isto é, criança que dorme pouco ou muito). Algumas crianças não experimentam nenhuma dificuldade aparente durante a mudança, outras podem encará-la como um estresse capaz de se somar a outros (mudança de professora ou professor, novos colegas, escola nova, lições de casa), outras ainda podem experimentar dificuldades reais, responsáveis por perturbações psicológicas.

OS TRANSTORNOS DO SONO NA CRIANÇA

14 Uma criança pode sofrer de insônia?

As insônias verdadeiras, ou "insônias idiopáticas", são raras nas crianças. Elas se devem ao comprometimento dos mecanismos que regulam a vigília e o sono. Essas insônias podem começar muito cedo, depois do nascimento, persistindo ao longo da vida. No entanto, elas representam uma percentagem pequena dos casos de transtornos do sono em crianças.

Quais os tipos de insônia mais freqüentes em crianças?

São as insônias do tipo condicionado, que se devem a fatores externos à criança: intervenções dos pais, elementos de sincronização, como o horário de dormir ou acordar, horário das sestas, das refeições, exposição à luz, fatores ambientais. Quando não são adequados, esses fatores externos podem provocar e/ou reforçar perturbações do sono na criança.

As insônias no bebê e no jovem adulto

	Freqüência	Idade	De que se trata?
Insônia condicionada	15-20% das crianças nessa faixa etária	6 meses a 3 anos	O adormecimento requer condições bem precisas (embalar o berço, presença de um dos pais, contato corporal, mamadeira etc.).
Consumo excessivo de líquidos	5% das crianças entre 6 meses e 3 anos	mais de 6 meses	A criança consome líquidos em excesso durante a noite (mamadeiras de água ou leite), em geral várias vezes.
Falta de limites	5-10% das crianças nessa faixa etária	2-4 anos	Ausência de horários e/ou hábitos de dormir bem definidos, levando a uma recusa ou oposição na hora de dormir.

Os sintomas de insônia são os mesmos nas crianças e nos adultos?

Não. Nas crianças, a sonolência nem sempre é o sintoma principal, ao contrário dos adultos, nos quais o sono insuficiente geralmente provoca cansaço e sonolência diurna – ao que se somam desinteresse, irritabilidade e reações impulsivas, uma administração menos eficaz do estresse, comportamentos noturnos inadequados e até mesmo conflitos conjugais.

Sintomas da insuficiência do sono nas crianças

A sonolência nem sempre é o sintoma principal. Outros sintomas podem estar presentes, tais como:

- Irritabilidade
- Raiva
- Intolerância à frustração
- Intolerância às mudanças
- Choros
- Humor instável

Os transtornos do sono na criança causam um estresse recorrente que pode ter conseqüências graves para a saúde e para a qualidade de vida dos pais. Essas conseqüências não devem ser subestimadas. Podem levar a perturbações consideráveis do desempenho profissional, social ou conjugal – geralmente, suas causas principais são o cansaço e a sonolência diurnas. A "insônia materna condicionada" (ver p. 181), a ansiedade e até mesmo a depressão, com sentimento de culpa e incapacidade de reagir de maneira adequada ao problema da criança, são algumas das principais conseqüências.

Quais são as queixas formuladas com mais freqüência pelos pais durante uma consulta especializada sobre os transtornos do sono da criança?

"Ele não dorme desde que nasceu...". "Nunca dormiu uma noite inteira...". "Acorda cinco ou seis vezes por noite...". "Grita sem parar...". "Tentamos de tudo...". "Estamos dispostos a tudo...". "Um tratamento com hipnóticos para acalmá-lo...". "Não agüentamos mais...". "Estamos no limite...". "Nós o levamos para nossa cama...". "Disseram que isso se resolveria aos três anos de idade...". "Quando entrou na escola...". "Ele tem que se cansar ao máximo...". "Somos contra os medicamentos...". "Ele precisa de luz e música...". "Tem medo de qualquer coisa...". "Fica com uma expressão apavorada...". "Com certeza são os dentes...". "Dorme muito bem na casa dos avós...".

Essas queixas, formuladas com freqüência pelos pais durante as consultas, mostram o desamparo dos jovens pais (e até de outros menos jovens), ou até mesmo dos avós, sentindo-se desarmados diante de uma criança que "não dorme". A agravante do estado de fadiga e privação do sono faz com que as boas decisões tomadas na véspera sejam geralmente esquecidas depois do terceiro ou quarto despertar noturno... e a criança vai para a cama de papai e mamãe. Todas as estratégias possíveis foram experimentadas, algumas de maneira espontânea, outras com base em conselhos de uma mãe na saída da creche, ou de uma revista da moda. As divergências entre pais ou gerações são freqüentes, o que só faz aumentar o problema e contribui para culpar ainda mais a mãe. "Por que meu filho não dorme, enquanto aquele do vizinho, que é dois meses mais novo, não acorda durante a noite desde que nasceu?". Certamente, a solução consiste na continuidade e regularidade dos pontos de referência da criança. As tentativas que foram feitas poderiam ter funcionado.

Mas a mudança muito rápida de uma técnica para a outra, ou entre estratégias opostas, impede a criança de se adaptar ao mesmo tempo no plano comportamental e emocional. Mudar o ambiente da criança, deixando que ela passe uma noite na casa de outra pessoa, leva às vezes à surpresa de descobrir que ela é capaz de dormir a noite inteira...

O caso de Tom, de dois anos e meio

- *Tom nunca dormiu uma noite inteira.*
  Será que sempre vai dormir mal?

Muitos fatores entram em jogo para a formação e estabelecimento de um sono satisfatório. Claro que os fatores biológicos e genéticos são determinantes. Mas podem existir muitos outros, como a temperatura da criança, a alimentação, o desconforto físico à noite e o comportamento dos pais.

Segundo alguns pesquisadores, um dos fatores importantes que favorecem o sono satisfatório na fase adulta é a interação adequada entre pais e criança na hora de dormir, isto é, a possibilidade de a criança adormecer em segurança sem exigir a presença dos pais.

O caso de Artur, de 24 meses

- *Artur sempre dormiu mal, assim como seu pai.*
  Esse é um problema hereditário?

Ainda não foi demonstrado que a insônia se transmite de uma geração para a outra. Além disso, não é possível comparar o sono de um bebê ao de um adulto. Quando o bebê acorda, isso não significa que ele está dormindo mal, pois o despertar noturno costuma ser habitual nessa idade e pode ser estimulado por condições específicas. Portanto, é melhor considerar os dois problemas separadamente, o de Artur e o de seu pai.

O caso de Clara, de 15 meses

Clara, de 15 meses de idade, foi levada ao médico por causa de transtornos do sono que duram "desde que ela nasceu". Clara é uma menina expressiva e alegre, que parecia gozar de ótima saúde, enquanto os pais pareciam abatidos e exaustos na primeira consulta. Sua mãe explica que Clara nunca dormiu uma noite inteira, e que ela adormece de exaustão nos braços dos pais ou no sofá. Depois de adormecer, Clara é colocada no berço, mas duas horas depois acorda e começa a gritar até que alguém venha acudi-la. A menina só se acalma depois de tomar uma mamadeira com chocolate quente. Ela acaba tomando duas ou três mamadeiras por noite, pois é a melhor maneira de fazer com que volte a dormir. Mas atualmente isso já não basta, e às vezes os pais entregam os pontos, levando-a para a cama deles por volta de cinco horas da manhã. Os pais se levantam cedo, por volta de 6h30, pois ambos trabalham. Nesse momento, Clara dorme em sono profundo e é quase impossível acordá-la. Clara também faz sestas, durante as quais costuma dormir melhor do que à noite. Mesmo assim, é preciso ficar ao lado dela, acariciando-lhe a cabeça até que ela durma. A mãe da menina afirma que não sabe o que fazer. Os pais de Clara tentaram um tratamento homeopático, mas não houve progressos notáveis. Durante duas noites, eles lhe deram um xarope para dormir, que produziu o efeito inverso e causou uma excitação fora do comum em Clara. Ela vai dormir tarde, na verdade, cada vez mais tarde. Às vezes, não adormece antes da meia-noite. Seus pais se queixam de que não têm mais vida conjugal.

O médico aconselhou a mãe de Clara a não acalentar sua filha, mas colocá-la em situação favorável para que consiga adormecer sozinha. Isso implica deixá-la alguns instantes no berço, voltando para vê-la rapidamente quando ela chora no início. Logo, Clara entendeu que sua mãe vinha vê-la quando havia necessidade, mas que não ficava mais ao lado dela ou em contato com ela até o adormecimento. Em poucos dias, Clara conseguiu criar seu próprio ritual, revirando a etiqueta de seu bichinho preferido, o elefante Elmer, de várias cores.

As mamadeiras foram evitadas à noite, e em seguida foram totalmente suspensas, para que Clara não molhasse a fralda e acordasse com menos freqüência. De manhã, criou-se um verdadeiro ritual do despertar, para que Clara entendesse que a noite havia terminado. Os pais de Clara ficaram muito surpresos com a rapidez dos progressos, embora os transtornos tivessem durado tanto tempo. Clara entendeu as novas regras e demonstrou que era finalmente capaz de administrar sozinha seu despertar noturno.

O que devo fazer para que meu filho adormeça?

Nada especial, a não ser colocá-lo na melhor situação possível para que ele adormeça sozinho. Ou seja, trata-se de incentivá-lo, desde a mais tenra idade, a encontrar a melhor estratégia para se acalmar e em seguida adormecer. Você também pode sugerir a ele um bichinho de estimação, que será útil para que a criança volte a dormir no caso de um despertar noturno.

Como ensinar meu filho a dormir bem?

Essa pergunta se coloca com freqüência quando a criança só adormece na presença dos pais, ou quando acorda de noite e não consegue adormecer de novo sem eles. Existe um método comportamental simples (ver o quadro da p. 60) que faz com que a criança confie em sua capacidade de adormecer e tenha prazer em dormir. Esse método progressivo pode ser posto em prática quando a criança tem dificuldades de separação dos pais na hora de dormir. Ele se baseia nas técnicas chamadas "comportamentais", que consistem em reduzir os componentes de ansiedade relacionados com o adormecimento. A criança tem de aprender a resolver um problema – o de dormir sozinha. Na falta de uma estratégia eficaz para realizar esse objetivo, a única solução é manifestar seu descontentamento, sua raiva ou seus temores.

O método comportamental pode ser adotado muito cedo, a partir da idade de quatro a cinco meses. Para as crianças com mais de cinco anos, uma abordagem individual é necessária para que elas recuperem o controle no plano emocional. É aconselhável explicar a nova maneira de proceder à babá, aos funcionários da creche, aos avós e a qualquer pessoa que cuide de seu filho, para que eles possam aplicá-la de maneira idêntica.

Ensinando a criança a dormir sem esforço...

■ O papel dos pais: ensiná-la a adormecer sozinha

Quando a criança não sabe adormecer sozinha, tem dificuldade para fazê-lo depois de um despertar noturno. O despertar noturno é um fenômeno normal na maioria das crianças. Ele costuma ser breve, e a criança deveria ser capaz de voltar a dormir sem pedir ajuda.

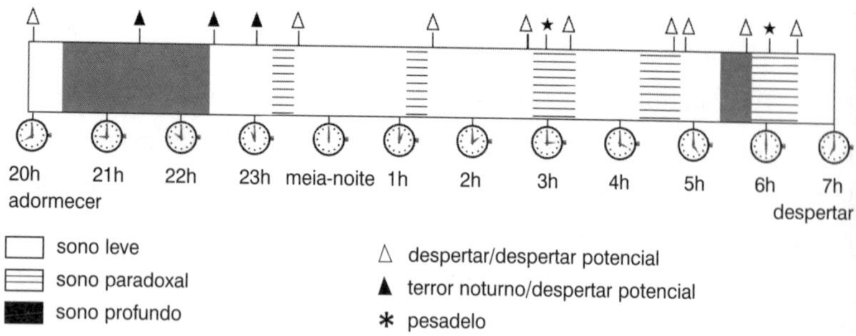

O diagrama mostra a repartição aproximada das várias fases de sono noturno na criança. O sono profundo está presente sobretudo no início da noite. As fases de sono paradoxal ocorrem mais tarde. O sono NREM está presente entre as fases de sono paradoxal. Os episódios de despertar breve, geralmente fisiológicos, são mais freqüentes depois de um período de sono paradoxal. O período intermediário da noite (entre 3h e 4h da manhã) é propício ao despertar, assim como o fim da noite. Esse despertar costuma ser tranqüilo. Os pesadelos podem surgir durante o sono paradoxal. Despertar confuso, terrores noturnos e sonambulismo ocorrem geralmente durante o sono profundo do início da noite.

Não perca seu objetivo de vista

O papel dos pais não é o de ajudar a criança a dormir, mas ensiná-la a dormir sozinha, sem a presença de um adulto, sugerindo o seu próprio ritual. Uma vez adquirido esse ritual, a criança saberá usá-lo novamente quando acordar à noite. Sempre haverá mil razões para retardar a aplicação do método (você não suporta ouvir a criança chorar, as férias estão próximas, os vizinhos vão se queixar etc.). Trate de esquecê-las!

Os pontos de referência

O sucesso do método pode ser medido pelo número de vezes em que a criança consegue adormecer sozinha, sem a presença de um adulto a seu lado. Mesmo que várias intervenções tenham ocorrido antes do adormecimento, só a última seqüência deve ser levada em conta.

■ Conselhos para começar

No início, não dê atenção especial aos horários de dormir. Quando a criança está acostumada a dormir tarde, não tente deitá-la mais cedo de repente. É melhor conseguir que ela adormeça sozinha antes de modificar o horário de ir para a cama. Além disso, tente administrar da mesma forma todas as situações de sono, inclusive a sesta.

■ O papel dos pais

O papel dos pais é ensinar à criança que:

- os rituais de dormir são breves (menos de dez minutos);
- você vai encontrá-la e não o contrário (não é ela que se desloca);
- você vai vê-la depois de uma espera relativamente breve (alguns minutos no máximo);
- de maneira alguma você ficará no quarto dela.

■ A atitude dos pais

Aja com firmeza e decisão. É preciso explicar, mas principalmente agir. Sua atitude vai tranqüilizar a criança e será decisiva. Não volte atrás. Não recomece o ritual de dormir depois que ele terminou.

■ Na prática

- Deite a criança exclusivamente na cama dela.
- Incentive o uso do bichinho de estimação.
- Não ofereça sua mão à criança.
- Evite acalentar a criança.
- Leia ou conte uma história. Para isso, sente-se em uma cadeira ao lado do berço da criança.

Aplique as seqüências seguintes antes de entrar no quarto da criança, quando ela pede sua presença ou chora. Isso ajudará a criança a se adaptar à nova situação de sono. Respeite uma seqüência de intervenção a cada adormecimento (sesta, sono noturno). Uma seqüência consiste em tempos de espera sucessivos, como mostra a tabela a seguir, e termina com o adormecimento. Retome a mesma seqüência se a criança despertar durante a noite. Passe à seqüência seguinte na próxima noite, ou mantenha a mesma seqüência duas noites seguidas, conforme a reação da criança.

Seqüências de visita

	1ª espera	**2ª espera**	**3ª espera**	**4ª espera**	**5ª espera**
1	1 min.	2 min.	5 min.	5 min.	7 min.
2	2 min.	5 min.	5 min.	7 min.	7 min.
3	3 min.	7 min.	7 min.	10 min.	10 min.
4	5 min.	10 min.	10 min.	15 min.	15 min.

Próximas noites: mantenha a seqüência da noite anterior ou aumente progressivamente, conforme a reação da criança.

- Comece pela seqüência nº 1, depois passe às seguintes conforme a reação da criança.
- Continue na mesma seqüência uma ou várias noites seguidas.
- Deixe que a criança se acalme sem pegá-la nos braços.
- Não leve a criança para o quarto ou cama dos pais.
- Vigie a porta do quarto. Vá até a criança, mas não o contrário.
- Se preciso, mantenha a porta do quarto da criança temporariamente fechada, por meio de uma fita adesiva do lado de fora, evitando que a criança saia sozinha e seja confrontada com a insegurança dos outros cômodos.

■ Dificuldades a serem superadas

A criança grita, sai do berço, bate na porta, vai à procura dos pais, vomita, tem uma crise de raiva, acorda os vizinhos etc. Não volte atrás, siga o método. Se a crise for forte demais, deixe que a criança se acalme com você fora do quarto, por exemplo na sala. Quando ela se acalmar, coloque-a de novo na cama e retome a seqüência desde o início.

■ O acompanhamento

Anote os resultados em uma agenda do sono (ver p. 50), para visualizar sua progressão. Registre as dificuldades experimentadas pela criança e pelos pais. Mantenha os esforços até a consolidação dos resultados. Consulte o médico se necessário.

■ Os progressos

Eles devem ocorrer rapidamente, em um prazo de alguns dias a duas ou três semanas. Os progressos devem ser acompanhados com uma agenda do sono. Serão consolidados durante as semanas seguintes.

■ Recaídas possíveis

As férias, as doenças infantis (resfriado, febre etc.) e os problemas de dentição podem ser motivos favoráveis à modificação dos comportamentos e interações durante o sono, e, portanto, levar a uma eventual recaída. Mesmo doente, a criança não dorme melhor na cama dos pais. Depois de tomar as providências necessárias, é melhor manter a criança no berço, descobrindo-a em caso de febre. Quando a criança dorme no quarto dos pais durante as férias, tente criar um ambiente separado para ela, a fim de recriar um espaço propício ao sono, independentemente do sono dos pais.

- Recomeçar tudo do zero?

Às vezes, quando os transtornos ocorrem de novo, é preciso retomar o método desde o início (isto é, respeitando de novo os tempos de espera antes de "visitar" a criança em seu quarto). Alguns dias podem ser suficientes para que a criança e a família voltem a sentir confiança, e a situação melhore sensivelmente.

TRANSTORNOS DO SONO E AMBIENTE DA CRIANÇA

15 Os transtornos do sono na criança podem ser provocados pelo ambiente?

O ambiente de sono tem um papel decisivo na formação e aprendizado de um sono de qualidade. Quando o ambiente não é adequado, podem ocorrer dificuldades de sono.

O caso de Luís, de cinco anos

- *Luís pode assistir a um vídeo antes de dormir?*

Em alguns casos, deixar que Luís veja um vídeo por pouco tempo (de 10 a 15 minutos) pode ajudá-lo a se acalmar, até que ele escolha o polegar ou o bichinho de estimação. Desligue o vídeo antes que ele caia no sono. Este momento de descontração pode preparar a ida para a cama, mas não deve ocorrer no quarto da criança nem no quarto dos pais. De maneira alguma a televisão pode substituir o ritual de dormir, e, portanto, ela não deve ficar no quarto. É preciso evitar que a criança adormeça de cansaço diante do vídeo, para transportá-la dormindo até o berço. Isso contraria o aprendizado da ida para a cama e do adormecimento.

Devo deixar uma luz acesa durante a noite?

A luz é parte integrante do ritual da ida para a cama. Dormir no escuro é um aprendizado que pode ser realizado com sucesso em crianças muito pequenas. Isso é mais difícil em seguida, pois o medo do escuro ou das sombras pode ocorrer em crianças de três a quatro anos. Dormir no escuro não parece causar inconvenientes graves, como a fobia da escuridão.

Além disso, a luz pode contribuir para irritar a criança antes do adormecimento. Também pode se tornar uma exigência capaz de complicar a situação de dormir em crianças mais crescidas. Suas conseqüências diretas sobre o sono dependem da intensidade e da duração de exposição à luz. Segundo várias pesquisas, uma luz no quarto, mesmo de pouca intensidade, pode ter conseqüências sobre a qualidade do sono e sobre a secreção de melatonina, estimulada pela escuridão. Alguns pesquisadores também afirmam que a luz pode contribuir para o surgimento da miopia.

O que é preciso levar em conta no quarto da criança?

- Cama/travesseiro: a qualidade da cama e do colchão é primordial para o bom sono da criança. O travesseiro deve ser adequado para sua idade e seu tamanho.

- Janela/cortinas: a escuridão é importante no quarto da criança. É mais fácil aprender desde cedo a dormir no escuro. A transição entre claridade e escuridão facilita o sono e o adormecimento.
- Bichinho de pelúcia: o bichinho de estimação ou objeto transicional facilita a separação na hora de dormir. Geralmente, a própria criança escolhe seu bichinho preferido. Ela pode ter vários ou nenhum. Os "consolos alimentares" como as mamadeiras devem ser evitados.
- Jogo eletrônico: deve ser guardado fora do alcance da criança, quando ela vai para a cama.
- Televisão ou computador: são aparelhos nocivos para o sono da criança. Não devem ser colocados no quarto, mesmo quando estão desligados; são fonte de radiação e estimulam o despertar.
- Despertador: pode ser regulado pela própria criança, mas costuma ser substituído pelo pai ou a mãe.
- Escrivaninha com gavetas: a escrivaninha pode ser colocada no quarto de dormir. Em alguns casos, é preferível que as atividades de trabalho ou lazer sejam bem delimitadas, e o quarto seja reservado ao sono.
- Copo d'água: muitas vezes, tem uma função de segurança. Algumas crianças o exigem sistematicamente, e podem sofrer com o excesso de líquidos à noite.
- Livros/prateleiras: o excesso de livros pode estimular a vigília. O tempo de leitura deve ser curto, a fim de preparar o adormecimento e não prolongar a vigília.
- Abajur: o abajur de criado-mudo costuma ser apagado pela própria criança. O gesto de apagar marca o início do processo de adormecimento.

O caso de Júlio, de três anos

- *Júlio não adormece sem música e uma luz projetada no teto. Como ajudá-lo a simplificar esse hábito?*

Júlio adormece sob duas condições que não consegue controlar. Com três anos de idade, seria mais prático se ele usasse um princípio de adormecimento diferente, que ele pudesse controlar sozinho. Por exemplo, ele poderia ser encorajado a escolher um bichinho de estimação ou um brinquedo favorito, suprimindo progressivamente outros tipos de auxílio exterior, como luz, música, copo d'água etc.

A temperatura ideal

- Mantenha o quarto a uma temperatura de cerca de 19 °C.
- Evite um ambiente superaquecido, por exemplo no nível do chão.
- Descubra a criança quando ela tem febre ou quando faz muito calor.
- Umedeça a atmosfera do quarto.
- Dê líquidos para a criança, mas sem excesso.

Os casos de Marina, Théo e Noêmia

Marina vai fazer dois anos no próximo mês e só consegue dormir no colo da mãe, que por esse motivo a chama de "Srta. Colo". Mesmo na sesta, ela exige ser embalada nos braços ou no carrinho de bebê...

Théo tem quase seis meses. Desde que nasceu, tem o hábito de chupar o dedo de sua mãe para adormecer. Esse ritual, que no início era eficaz, tornou-se um verdadeiro incômodo para a mãe, pois o bebê custa a adormecer.

Noêmia, de 19 meses, chora durante a noite em vários horários – por volta de meia-noite, 1h30, 3h e 5h da manhã. Às vezes, basta devolver-lhe a chupeta, mas em geral é o pai que a pega nos braços e caminha com ela pelo apartamento, até que volte a dormir. No início, o pai de Noêmia esperava alguns minutos antes de ir vê-la. Agora, ele se precipita no quarto da criança, torcendo para que ela adormeça o mais rápido possível...

Os casos de Marina, Théo e Noêmia ilustram perfeitamente as situações nas quais a criança é tributária de uma intervenção externa para conseguir adormecer. As intervenções externas têm um papel decisivo na formação e aprendizado de um sono de qualidade. Quando elas não são adequadas, podem surgir dificuldades de sono. Acima de tudo, a criança precisa ter a oportunidade de aprender a adormecer sozinha.

Os vários métodos de adormecimento da criança

- Os mais simples:
  – escolher um objeto transicional (ursinho de pelúcia, fralda de tecido, brinquedo de estimação etc.)
  – chupar o polegar
  – usar chupeta ou mamadeira vazia

- Os mais complexos:
  – tomar uma mamadeira cheia
  – ser embalado nos braços

– ser embalado ou passear no carrinho de bebê
– adormecer no automóvel em movimento
– chupar o dedo do pai ou da mãe
– retorcer os cabelos ou o lóbulo da orelha da mãe

Quando meu filho tem febre, devo ficar ao lado dele ou levá-lo para minha cama?

Não existe razão especial para levar a criança para a cama dos pais. Isso não melhora a qualidade de seu sono e não o ajuda a restabelecer facilmente uma temperatura normal. Ao contrário, é preferível deixá-la em sua própria cama, vesti-la com um *body* ou conjunto de peça única e retirar as cobertas, para que ela possa respirar livremente.

Se necessário, pode-se "visitar" a criança com mais freqüência, mas não levá-la para o quarto dos pais nem fazer com que ela adormeça nos braços ou na cama deles.

Quando ele não dorme em casa, seu sono é muito melhor...

Esta é uma constatação freqüente em algumas crianças que têm o hábito de acordar durante a noite em sua própria casa. Às vezes, quando estão em um ambiente que não conhecem tão bem, elas passam uma noite sem acordar. Provavelmente, a supressão, ainda que temporária, das interações habituais entre pais e criança permite uma adaptação que pode ser imediata e efetiva. Da mesma forma, algumas crianças pequenas que passam noites tranqüilas na casa dos avós, no fim de semana, voltam a acordar a família depois do retorno para casa...

O ritual de dormir é eficaz quando...

- prepara a separação
- antecede a separação
- antecede o adormecimento
- dura apenas alguns minutos
- acontece uma única vez
- é idêntico todas as noites

Devo instalar o bebê recém-nascido no mesmo quarto de Carlos, de quatro anos?

Muitas vezes, o filho mais velho tem dificuldade para aceitar que o bebê recém-chegado passe as noites no quarto dos pais. Sem dúvida, Carlos prefere que o bebê tenha seu próprio quarto ou durma no quarto do irmão mais velho, assim que seu sono da noite esteja mais consolidado, isto é, depois de algumas semanas.

Desde o nascimento de seu irmãozinho, Marina, de três anos e meio, acorda todas as noites e pede para dormir na cama dos pais. O que fazer?

A chegada de um irmão ou irmã, sobretudo quando este dorme no quarto dos pais, pode criar uma situação de dúvida e ansiedade para o irmão mais velho. A necessidade de segurança e também de verificação pode levá-lo a "visitar" o quarto dos pais com mais freqüência durante a noite. Nesse caso, os pais devem mostrar compreensão, mas também firmeza suficiente, incentivando a criança a não sair do quarto durante o período de sono. Isso será mais fácil se cada filho tiver seu próprio quarto, ou se os pais delimitarem claramente, desde o início, o "território de sono" de cada um.

Deve-se praticar o "*co-sleeping*"?

O *co-sleeping* é um termo em inglês que designa a divisão do leito, ou seja, a criança dorme na cama dos pais ou um dos pais dorme na cama da criança. Este fenômeno é muito freqüente e pode causar vários transtornos na organização familiar.

Geralmente, o *co-sleeping* ocorre a partir da dificuldade da criança em adormecer sozinha. Pode tratar-se de uma criança ansiosa, insegura, que necessita da presença de um adulto ao deitar-se ou por ocasião de um despertar noturno. O *co-sleeping* é uma prática desaconselhável para crianças pequenas, por causa do risco maior de morte, e para crianças mais crescidas, devido às dificuldades que ela pode experimentar futuramente para adormecer sozinha.

SONO E ALIMENTAÇÃO NOTURNA

16 Existe relação entre os transtornos do sono e a alimentação noturna?

Sim. A alimentação noturna prolongada (depois da idade de três a seis meses) é a segunda causa de persistência do despertar noturno em crianças pequenas.

Meu filho não adormece sem a mamadeira. O que fazer?

O ideal é que a criança saiba distinguir desde pequena as situações de refeição e as de sono. Um intervalo de vigília relaxada entre a mamadeira e a ida para a cama pode ajudá-la a entender que sono e alimentação são dois comportamentos e dois momentos distintos.

Posso deixar que meu filho adormeça em minha cama de manhã cedo, depois da mamadeira?

Quando a criança sofre de transtornos do sono e chama os pais por ocasião de um despertar noturno, é melhor não levá-la para a cama dos pais, mesmo de manhã cedo. Ela correria o risco de não perceber a diferença entre o despertar noturno, durante o qual não deve sair da cama, e o despertar do fim de noite, durante o qual a ida para a cama dos pais se torna possível. Essa é a importância do ritual do despertar: a criança passa a entender que a seqüência noturna terminou e o dia pode começar.

Eu preciso dar a mamadeira quando a criança chora durante a noite?

Não é aconselhável (a não ser por razões médicas específicas) alimentar sistematicamente uma criança de mais de quatro meses que chora à noite. Isso poderia reforçar o hábito do despertar noturno, pois chorar à noite passaria a ser sinônimo de alimentar-se.

Despertar noturno: condutas de reforço a serem evitadas

- Intervenções freqüentes (até dez vezes por noite).
- Intervenções imediatas (assim que a criança começa a chorar).
- Recompensas alimentares (mamadeira de água, leite, chocolate etc.).
- Recompensas não-alimentares ("visitar" o bebê, pegá-lo nos braços, levá-lo para a cama dos pais etc.).

Gregório, de seis meses, perde freqüentemente sua chupeta. Devo me levantar para ajudá-lo ou devo colocar várias chupetas no berço, esperando que ele encontre uma delas?

Para alguns bebês, a chupeta é um recurso eficaz, que tranqüiliza e acalma. No entanto, o bebê tem que aprender progressivamente a não depender da chupeta. Se ele não a achar sempre, tentará desenvolver outras estratégias de substituição. Colocar várias chupetas no berço ou pendurar uma chupeta no pijama não favorece esse aprendizado.

Augusto, de 15 meses, sempre toma uma mamadeira à noite, antes de dormir, pois não come quase nada no jantar. Tenho razão em agir assim?

A possibilidade de que o bebê passe a noite com fome ou não esteja saciado antes de dormir pode ser intolerável para os pais e explica o hábito da mamadeira antes de dormir. Essa reação, no entanto, tem muito mais inconvenientes que vantagens. Ela prejudica o sono, criando refluxos e episódios de despertar breve, interfere na alimentação do dia, suprimindo a sensação de fome e reduzindo a refeição sólida à noite.

Por que se deve evitar a alimentação noturna excessiva?

Trata-se da segunda causa do despertar noturno em crianças entre seis meses e três anos de idade. Alimentos sólidos ou líquidos à noite podem ter os seguintes efeitos:

- Recompensam o comportamento de vigília.
- Favorecem o refluxo gastroesofágico.
- Tornam sistemática a intervenção dos pais.
- Retardam a aquisição de estratégias de autonomia.
- Retardam o aprendizado da higiene noturna.
- Podem prejudicar a alimentação diurna.

Um bebê que foi amamentado precisa de mais tempo para passar as noites sem acordar?

Os bebês alimentados no seio costumam acordar com mais freqüência do que os bebês criados com mamadeira. Além disso, têm mais necessidade do contato com a mãe para adormecer. Portanto, é provável que precisem de mais tempo para passar as noites sem acordar.

O bebê deve ser habituado progressivamente a não adormecer no seio no final da mamada, para que não associe sucção, refeição e sono. Para isso, é aconselhável interromper a refeição antes que o bebê adormeça, mesmo que com isso as mamadas se tornem um pouco mais curtas.

Sua fralda fica encharcada e eu acordo para trocá-la uma ou duas vezes por noite...

Esse é um inconveniente do consumo excessivo ou prolongado de líquidos, que é preciso evitar. Mesmo quando não existe relação com a enurese (incontinência de urina), a criança se molha, sente desconforto, acorda mais vezes e acostuma-se a dormir molhada. Por outro lado, trocar a fralda várias vezes por noite favorece o despertar.

ANSIEDADE, MEDO DO ESCURO, FOBIAS

17 Por que algumas crianças têm tanta dificuldade para adormecer?

Para algumas crianças, adormecer à noite parece um verdadeiro desafio, tamanho é o esforço investido. As várias estratégias usadas pela criança se revelam ineficazes e se tornam fonte de conflitos (levantar da cama, pedir um copo d'água, dar boa-noite mais uma vez, ir ao banheiro etc.).

Muitas vezes, esses comportamentos visam a reduzir o estresse associado à falta de sono e ao medo de ficar acordado. A reação dos pais varia entre a irritação e a compaixão ou consolo. Nessas condições, o adormecimento se torna um verdadeiro desafio a ser alcançado diariamente, colocando em jogo mecanismos de tensão e vigília que contrariam o relaxamento e a descontração.

Heloísa, de dois anos, sente medo do escuro desde a época do fim das férias. É preciso acender uma luz no quarto, embora isso nunca tenha sido necessário?

O medo do escuro é uma das fobias mais freqüentes em crianças. Dormir no escuro é um aprendizado que pode ocorrer nos primeiros meses de vida. Muitas vezes, a luz tem efeito tranqüilizador tanto para os pais quanto para as crianças. É mais fácil efetuar esse aprendizado a partir dos primeiros meses ou anos de vida. Mais tarde, por volta dos três ou quatro anos de idade, pode surgir uma verdadeira fobia do escuro. Portanto, aos 24 meses de idade é perfeitamente possível tranqüilizar Heloísa sem acender a luz do quarto.

O caso de Júlia, de nove anos

Júlia é a mais velha de dois irmãos. Seu irmãozinho Adriano tem quatro anos e dorme no mesmo quarto. Júlia tem bom aproveitamento na escola, tem amigas, relaciona-se bem com os pais e o irmão. Estuda balé uma vez por semana e piano aos sábados. Os problemas de Júlia começam quando ela vai para a cama. Sua principal preocupação é não adormecer quando se deita. Vai para a cama por volta de 21h, mas geralmente não adormece antes das 22h30 ou 23h. Júlia se levanta várias vezes para fazer xixi, algumas noites até dez vezes. Na cama, ela hesita em apagar a luz, pois tem medo do escuro. Teme sobretudo as sombras do quarto, ou que uma aranha passe por sua cama. Fechar os olhos lhe dá grande mal-estar. Júlia se queixa de que, quando fecha os olhos, vê milhares de pontos cintilantes que lhe dão medo e dos quais não consegue se livrar. O pior para Júlia é quando seus pais e seu irmão adormecem antes dela. O ruído da televisão ou dos pais no apartamento a tranqüiliza, pois ela sabe que alguém está vigiando a casa. Quando, por azar, Júlia é a última pessoa "encarregada dessa missão", fatalmente não consegue adormecer. Muitas vezes, ela entra em pânico só em pensar nessa possibilidade. Certa vez em que todos estavam dormindo, ela começou a chorar sem parar. Levantou-se da cama, foi até o quarto dos pais e ficou na porta vários minutos, antes de se deitar no tapete do quarto, tranqüilizada pelo ronco regular do pai. O caso de Júlia é freqüente em crianças que sofrem de dificuldades para adormecer. Muitas vezes, existe relação com a ansiedade, que pode ser uma ansiedade de separação (a criança só se sente tranqüila na presença de outra pessoa) ou uma ansiedade de performance (as estratégias de adormecimento são insuficientes ou ineficazes). O caso de Júlia ilustra bem o fato de que a ansiedade estimula a vigília. O medo do escuro, das aranhas e dos pontos luminosos contribui para mantê-la acordada. Ela apresenta o estado de hipervigilância, cada vez que vai para a cama. Os rituais que pratica, como se levantar e ir ao banheiro, são restritivos e não bastam para tranqüilizá-la. Os pais de Júlia não sabem como ajudar. Já tentaram de tudo, alternando entre o carinho e a severidade. Decidiram recorrer a um psicoterapeuta, esperando que Júlia resolvesse seu problema de ansiedade. Em uma primeira fase, sessões de relaxamento ajudaram Júlia a se descontrair antes de ir para a cama. O fato de se sentir fisicamente mais calma fez com que ela encarasse com mais serenidade a situação do adormecimento. O tempo que ela passa na cama sem dormir também foi reduzido, pois ela teve permissão de ir para a cama um pouco mais tarde, por volta de 21h30. Além disso, Júlia foi aconselhada a reduzir sua ida ao banheiro. Caso se levantasse, deveria ficar no quarto, desenhando ou lendo alguns instantes antes de voltar a dormir. Esses conselhos foram bem aceitos por Júlia, e ela retomou aos poucos a confiança em sua capacidade de adormecer.

Quais são as repercussões das imagens televisivas de cenas de extrema violência (guerra, atentados) para o psiquismo e o sono de nossos filhos?

Por sua própria natureza, as imagens de catástrofe e violência podem criar um verdadeiro estado de traumatismo psíquico coletivo. As crianças são sensíveis a elas, não apenas por causa da violência excepcional que inspiram, mas também em razão da reação emocional dos adultos. As crianças assimilam os sinais de angústia, incompreensão e desamparo. São imagens que violentam seu imaginário. Quanto menos preparadas estão para recebê-las, maior é o impacto.

No mesmo dia, a exposição a essas imagens pode causar ansiedade, que se manifesta por meio de gritos, tremores, às vezes um verdadeiro estado de pânico. Em outros casos, pode ocorrer alheamento, prostração e até mutismo. A criança parece hipnotizada, sem conseguir desviar os olhos das imagens violentas.

Nos dias seguintes, a ansiedade pode assumir uma forma difusa, manifestando-se através de transtornos do sono, pesadelos, sobressaltos ao menor ruído, crises de choro, dificuldades de separação no momento de dormir, exacerbação do medo do escuro, redução da capacidade de autonomia (comportamentos regressivos), transtornos somáticos, como dor de barriga, dor de cabeça, palpitações, transtornos visuais etc.

Podem ocorrer problemas secundários, como fobias (medo de multidão, aviões, elevadores, lugares fechados), com a adoção eventual de rituais (verificação) para lutar contra a angústia, ou comportamentos de retração (estratégias que ajudam a evitar a situação considerada ansiogênica).

Reações de agravamento da ansiedade de separação também são possíveis, com um medo irracional de que os parentes próximos sofram acidentes, ansiedade ou mesmo pânico quando um dos pais se atrasa, recusa em ficar sozinho, com a adoção de estratégias de tranqüilização (telefonar para o celular dos pais, ligar o rádio ou a televisão, planejar o retorno deles etc.). Por fim, podem ocorrer reações depressivas, como sensação de mal-estar, incapacidade de enfrentar a vida, impotência, reativação de um estado anterior de estresse (agressão, traumatismo) ou de luto (perda de um ente querido ou de um dos pais).

Como ajudar uma criança a superar esse tipo de angústia?

Conversando com ela. Essa é a principal função dos pais. Não adianta ocultar as imagens, pois a criança pode ser exposta a elas indiretamente. É preciso explicá-las com palavras que a criança possa entender, de acordo com sua idade, seu nível de compreensão e sua relação com a morte, para que ela consiga exteriorizar a angústia em suas próprias palavras ou por meio de desenhos, caso o acesso à linguagem verbal seja restrito. O adulto deve mostrar suas emoções de maneira controlada, sem negar a gravidade dos fatos nem impingir sua própria angústia; para isso deve manter uma atitude serena, tranqüilizadora e ajudar a criança a exprimir suas emoções e apropriar-se delas – indignação, confusão, tristeza, medo, desgosto etc. É indispensável ajudar a criança a reinserir as imagens em uma realidade difícil de captar, por causa da barreira da tela de televisão (pois não se trata de um jogo de vídeo).

Que sintomas são preocupantes? Em que momento é preciso consultar um especialista?

É preciso consultar um especialista quando imagens traumáticas persistem no imaginário da criança sob a forma de pesadelos recorrentes ou imagens que se impõem à consciência durante o dia, chamadas *flashbacks*, ou ainda reações emocionais intensas e desproporcionadas, sobressaltos, temores ao menor ruído, transtornos graves do sono, melancolia, inapetência, choro, queda do aproveitamento escolar, às vezes agressividade ou reações violentas incomuns ou injustificadas. Esses sintomas podem se manifestar alguns dias ou semanas depois da exposição ao estresse.

O especialista (psicólogo, psiquiatra infantil) tentará definir o tipo e a intensidade do transtorno, propondo o tratamento mais adequado à criança.

As insônias podem ser indício de uma depressão na criança?

O caso de Batista, de dez anos

Batista parece triste há quase três meses. Chora com freqüência, sente mais dificuldade para estudar e menos interesse por seus esportes favoritos. Chegou a se afastar de seus melhores amigos. Seu sono também foi prejudicado. Ele tem dificuldade para adormecer à noite, costuma chorar na cama e, principalmente, acorda cedo de manhã, sem conseguir adormecer novamente. Diz que se sente triste e cansado durante o dia. Seu apetite diminuiu e ele emagreceu dois quilos em algumas semanas. Os médicos que examinaram Batista não encontraram uma causa física para esses sintomas.

Batista apresenta sinais inequívocos de depressão. Melancolia, choro freqüente, transtornos do sono e do apetite, dificuldades de concentração e queda no desempenho escolar são indícios para serem levados muito a sério. Além disso, são sintomas persistentes, que não regrediram nos últimos três meses.

No caso de Batista, não existe um acontecimento primário que tenha causado a tristeza. Seus pais se dão bem e não houve doença grave ou falecimento na família. Na escola, Batista sempre teve amigos. Sua mãe tomou medicamentos antidepressivos há alguns anos, mas melhorou depois disso. Portanto, os transtornos do sono de Batista se inserem em um quadro de depressão.

Nas crianças em idade escolar, a depressão não é rara. Sua gravidade tem de ser verificada, e o tratamento deve ser confiado o quanto antes a especialistas, médicos, psiquiatras infantis e/ou psicoterapeutas.

OS TRATAMENTOS

18 Os hipnóticos podem ajudar a "reciclar" o sono de uma criança?

Os medicamentos para dormir não "reciclam" o sono. Na melhor das hipóteses, eles ajudam a combater o despertar noturno. Por outro lado, não melhoram a qualidade do sono e só fornecem uma solução temporária para um problema que pode ser antigo. Quando nada se faz para remediar as causas do transtorno (despertar condicionado, apnéias durante o sono, refluxo gastroesofágico etc.), o problema reaparece no momento em que se interrompe o uso do medicamento. Portanto, é uma ilusão recorrer a este ou aquele medicamento esperando que tudo se resolva em seguida. Em alguns casos, o medicamento pode ser prescrito pelo médico por alguns dias, para acalmar uma situação crítica e facilitar a adoção de outra terapia, por exemplo, do tipo comportamental.

A verdade sobre os hipnóticos para crianças

Por que é preciso ser contra?

- Sua eficácia é relativa.
- Seu efeito se limita a inibir o despertar.
- Existe risco de dependência em relação ao produto.
- Seu efeito sobre o sono e o desenvolvimento cerebral é pouco conhecido.
- Existe risco de consumo prolongado.
- Pode haver efeitos colaterais neurológicos.

Por que nem sempre se deve ser contra?

- Esses medicamentos são eficazes por pouco tempo (de cinco e dez dias) associados a um programa comportamental, ou sob estrita vigilância médica.
- Facilitam a adoção de um tratamento comportamental.
- Podem melhorar provisoriamente a continuidade do sono.
- Diminuem a resistência à ida para a cama e ao adormecimento.

É possível recorrer à homeopatia?

Os remédios homeopáticos são bastante populares no tratamento de transtornos do sono na criança e no adulto. A procura por tratamentos homeopáticos parece se basear na idéia de que os remédios seriam menos nocivos do que as terapêuticas convencionais, e o risco de dependência seria menor. No entanto, poucos desses tratamentos foram testados de maneira cientificamente controlada.

A idéia muitas vezes errônea da inocuidade relativa desses produtos pode levar ao uso prolongado, para um resultado muitas vezes duvidoso ou excessivamente demorado.

O gesto de tomar ou receber um medicamento para dormir pode causar dependência?

Essa questão é fundamental. Sabe-se que a dependência a um produto como o tabaco, por exemplo, não se deve apenas ao efeito da nicotina, mas também ao gesto de acender o cigarro e de seu valor simbólico. As pessoas que sofrem de insônia costumam afirmar que dormiriam da mesma maneira se substituíssem o hipnótico por um simples placebo, isto é, uma substância inócua. Isso mostra até que ponto o ritual do medicamento está integrado à expectativa psicológica de que a noite de sono será satisfatória ou não. As pesquisas a esse respeito são raras em crianças, mas é provável que a administração precoce e freqüente de soníferos em bebês e crianças determine o comportamento que elas terão mais tarde com relação a isso.

É preciso consultar um osteopata (especialista em afecção dos ossos) para Milena, de dois anos de idade, que acorda durante a noite?

A manipulação dos ossos do crânio não tem eficácia comprovada contra insônias adquiridas ou condicionadas em uma criança pequena.

Existem tratamentos não-medicamentosos eficazes?

As estratégias comportamentais demonstraram eficácia contra insônias adquiridas ou condicionadas em uma criança pequena. Elas consistem em modificar a interação entre a criança e seus pais, uma das causas mais freqüentes das dificuldades de sono.

Estratégias comportamentais corretas

- Estabelecer a calma antes da ida para a cama.
- Colocar a criança na cama e sair do quarto.
- Adotar rotinas tranqüilizadoras na hora de dormir.
- Ensinar a criança a dormir em sua própria cama.
- Adaptar o ambiente de sono.
- Ajudar a criança a procurar uma posição confortável.
- Não esperar um adormecimento imediato.
- Afastar os estímulos excessivos (brinquedos, chupetas).
- Definir os limites com antecedência (dormir, acordar etc.).
- Evitar o reforço da vigília com excesso de intervenções.
- Em vez de deixar a criança chorar, fazer "visitas" breves.
- Encorajar o uso de um objeto transicional (bichinho de pelúcia, boneca, objeto preferido etc.).

- Evitar reforços do tipo alimentar (mamadeiras etc.).
- Fornecer à criança pontos de referência temporais (horários de dormir e acordar).
- Fornecer à criança pontos de referência ambientais (cama, quarto de dormir etc.).

AS PARASSONIAS

19 A partir de que idade meu filho pode ter pesadelos?

A partir das primeiras semanas de vida. Os pesadelos têm relação com o sono paradoxal ou sono REM, que representa a maioria do tempo de sono total no recém-nascido e no lactente.

Os pesadelos refletem um sofrimento psicológico?

Os pesadelos são normais nas crianças e podem ocorrer de maneira espaçada ou ocasional. Podem se tornar freqüentes e até recorrentes quando a criança está sujeita a um estresse ou transtorno psicológico, que é preciso investigar. Algumas crianças submetidas a traumatismos psicológicos ou físicos graves podem ter pesadelos quase cotidianos, cujo tema costuma ser o traumatismo original (agressão, catástrofe etc.). O tratamento mais adequado é o psicoterapêutico. Os medicamentos são raramente indicados de maneira isolada.

Como distinguir o terror noturno e o pesadelo?

Em primeiro lugar, pela intensidade do episódio, e, em seguida, pelo horário em que aconteceu. O terror noturno é um fenômeno que ocorre de maneira súbita no início da noite. A criança parece assustada, arregala os olhos, sua respiração é rápida, seu coração bate mais rápido, os cabelos e o rosto podem ficar úmidos de suor. Principalmente, ela não reconhece as pessoas ao redor. Não é fácil nem recomendável despertá-la, pois isso poderia aumentar sua ansiedade e causar uma reação de pânico. A melhor atitude consiste em esperar o fim do episódio e o adormecimento da criança. Na maioria dos casos, a criança não conserva lembranças do episódio (ver diagrama na p. 60).

20 O sonambulismo pode ser perigoso?

Sim, pois algumas crianças podem se machucar ou ferir as pessoas ao redor durante um episódio de sonambulismo. Como no caso do terror noturno, não é recomendável despertar a criança, pois ela poderia se sentir agredida e reagir violentamente. Porém, na maioria das vezes o sonâmbulo tem um comportamento calmo e dócil, e volta para a cama sem opor resistência.

O sonambulismo

- Pode ocorrer em crianças pequenas que já sabem andar, mas é mais freqüente em crianças em idade escolar.
- Manifesta-se no início da noite, semelhante ao terror noturno.
- Caracteriza-se por uma vigília parcial ou incompleta que ocorre durante o sono profundo.
- A criança que deambula parece confusa, não reconhece as pessoas ao redor, geralmente está calma e pode ter comportamentos complexos, às vezes agressivos, de defesa ou de fuga.
- Pode haver outros casos de sonambulismo na família.
- Na maioria dos casos, a evolução do quadro é favorável.

Existe um componente hereditário no sonambulismo?

Na família de uma criança sonâmbula, não é raro descobrir que um dos irmãos, pais ou avós também foi sonâmbulo. Pesquisas revelam que a probabilidade de uma criança apresentar sonambulismo ou terror noturno é maior quando um dos membros da família já sofreu dessa afecção.

Fatores que favorecem o terror noturno e o sonambulismo

- Febre
- Privação de sono

- Estresse
- Apnéias durante o sono
- Ruído
- Ansiedade e dores
- Modificações no ambiente de sono
- Alguns medicamentos

Esses fatores não são específicos, mas é aconselhável verificar se estão presentes em todos os casos.

O caso de Breno, de três anos

Breno bate a cabeça contra o travesseiro antes de adormecer. Às vezes, esses movimentos são violentos. Breno já machucou a testa nas grades do berço. Por causa do ruído que provoca, o menino incomoda bastante sua irmã, que dorme no mesmo quarto. Os movimentos costumam ser ritmados, acompanhados de gemidos. Às vezes, repetem-se durante a noite e de manhã cedo.

Essas manifestações são denominadas de transtorno rítmico do movimento durante o sono e costumam ocorrer mais nos meninos do que nas meninas, entre alguns meses de vida e cerca de quatro anos. Trata-se de movimentos ritmados de rotação do pescoço e da cabeça, às vezes dos membros superiores e inferiores ou do corpo inteiro. Sua freqüência pode diminuir a partir da idade de quatro anos. Às vezes persistem por mais tempo, mas raramente até a adolescência ou a idade adulta. Ocorrem durante a transição da vigília para o início do sono, no início da noite, ou depois de um despertar no meio ou no fim da noite. A sucção do polegar pode ser considerada uma manifestação rítmica do sono, limitada a um grupo muscular específico.

O que fazer quando a criança sofre de uma parassonia?

- Tranqüilizar a criança e seus parentes próximos, explicando que se trata de um distúrbio benigno na maioria dos casos.
- Adotar medidas para garantir a segurança do ambiente (portas, janelas, escadas etc.).
- Propor uma terapia comportamental (relaxamento, indução de imagens mentais, administração do estresse etc.).
- Usar a técnica do "despertar programado", que consiste em acordar a criança antes do horário em que a crise costuma ocorrer.
- Propor à criança uma sesta breve no final da tarde (para casos de sonambulismo, terror noturno).
- Em alguns casos, recorrer aos tratamentos medicamentosos.

21 Meu filho sofre de enurese. O que fazer?

O caso de Romeu, de sete anos

Romeu ainda não domina a higiene noturna. Costuma molhar a cama de três a quatro vezes por semana. Geralmente, as micções ocorrem duas ou três horas depois do adormecimento.

A enurese é uma afecção comum em crianças. Em cerca de 70% dos casos, é de origem genética. Freqüentemente, apresenta uma forma noturna, pois a criança não se molha de dia. Os episódios ocorrem no início da noite, durante o sono profundo. A criança nem sempre acorda durante a micção e continua a dormir nos lençóis molhados. Alguns medicamentos são eficazes para reduzir a freqüência das micções. Além disso, é aconselhável explicar à criança os mecanismos dessas micções, às vezes por meio de desenhos que simplificam a anatomia dos rins e da bexiga. A criança deve ser incentivada a cooperar no tratamento, diminuindo o consumo de líquidos à noite, esvaziando a bexiga antes de se deitar, às vezes ajudando na lavagem dos lençóis. Em alguns casos, pode ser útil o uso de um alarme chamado "*pipi stop*" (colcha ligada a um indicador sonoro), colocado na hora de dormir para prevenir a criança logo no início da micção.

O essencial sobre a enurese

- É uma parassonia.
- Afeta as crianças depois da idade de cinco anos (aquisição do controle miccional entre 18 meses e três anos).
- Existe um componente genético em 70% dos casos.
- Os episódios miccionais ocorrem geralmente durante o sono profundo, quando é mais difícil acordar a criança.
- Existem formas de enurese exclusivamente noturnas.

SONO E HIPERATIVIDADE

22 A hiperatividade pode provocar transtornos do sono?

A hiperatividade afeta cerca de 3% das crianças em idade escolar. As crianças que sofrem desse transtorno são muito agitadas, inquietas em todas as situações, tanto na escola quanto em casa e nas atividades extra-escolares. Podem ter muita dificuldade para se manter sentadas à mesa ou em uma cadeira. A ida para a cama costuma ser difícil, pois pressupõe a interrupção de qualquer atividade. Freqüentemente, a atividade motora também é excessiva à noite. O sono é agitado. Algumas crianças se viram até ficar com a cabeça voltada para o pé da cama, às vezes caem no chão. Outras fazem movimentos com as pernas (pontapés) que tornam impossível a ida para a cama dos pais.

O caso de Celso, de cinco anos

- *Celso costuma estar excitado à noite, demora muito a dormir e se mexe bastante durante a noite. Esses são sintomas de hiperatividade? Como ajudar Celso a adormecer?*

As crianças "hiperativas" sentem grande dificuldade para acalmar seus mecanismos de vigília. O sistema de vigília é estimulado constantemente pelo menor indício sonoro ou visual. Pode-se tentar remediar a situação da ida para a cama limitando ao máximo os estímulos ao redor de Celso. Podem ser ruídos de dentro do quarto (irmãos e irmãs, rádio etc.) ou no exterior (televisão, conversas, ruídos da rua), luzes, uma leitura prolongada, jogos utilizados na cama. Limitar também as idas e vindas da criança fora do quarto ajuda a reduzir a excitação. Às vezes, alguns medicamentos podem facilitar o adormecimento, mas devem ser usados com precaução.

O caso de Tibério, de oito anos

Tibério apresenta sérias dificuldades de sono e comportamento. Estava na 1ª série do ensino fundamental e vai repetir o ano, por causa de sua agitação no ano anterior. Seu comportamento tornava muito difícil mantê-lo na classe. Fonte de perturbação para as outras crianças, era descrito pela professora como "criança-dinamite", que nunca pára no lugar, levanta-se durante a aula, deixa cair a borracha ou os objetos de seu vizinho e se levanta para apanhá-los.

Tibério movimenta continuamente os pés, as pernas, e sobretudo as mãos e os dedos. Nenhum objeto ao alcance da mão lhe escapa. Não consegue se concentrar em uma atividade de leitura por mais de cinco minutos e distrai-se imediatamente com tudo o que acontece ao redor. Olha muitas vezes pela janela ou pelo buraco de seu apontador, e às vezes parece totalmente absorto quando alguém lhe dirige a palavra. Outras vezes, ele intervém de maneira inconveniente, interrompendo a professora ou o colega que recita uma lição.

No recreio, ele não consegue esperar sua vez e sempre tem tendência de passar à frente. Essas dificuldades fazem com que seus colegas de classe o evitem. Muitas vezes, Tibério fica sozinho durante o recreio. Não sabendo o que fazer, tem tendência a aborrecer os outros para chamar a atenção.

Como diz sua mãe, ele não descansa nem à noite. Tem dificuldade para adormecer, resiste em ir para a cama e dorme tarde. Ele se mexe o tempo todo. Durante a noite, é encontrado com a cabeça voltada para os pés da cama, totalmente descoberto, às vezes até deitado no chão. No entanto, parece dormir profundamente. De manhã, costuma acordar seus pais por volta de seis ou sete horas. Nunca mais fez sestas desde a idade de 14 meses. As únicas situações nas quais adormece sem problemas são as viagens de trem ou automóvel. Então, ele cai de repente em um sono profundo. Tibério não ronca mais, pois foi operado das amígdalas e adenóides. Respira livremente durante a noite. Não chupa mais o polegar de alguns meses para cá, mas não dispensa o bichinho de pelúcia para adormecer. O tratamento homeopático que ele está seguindo há vários meses não o ajudou a melhorar seu sono.

Tibério tem dificuldade para ler, mas progrediu bastante graças ao acompanhamento fonoaudiológico que está seguindo duas vezes por semana. Sua ortografia é desleixada, e seus pais já pensaram em ajudá-lo com sessões de psicomotricidade. Seu apetite é moderado, e ele só pesa 25 quilos para 1m20 de altura.

Tibério sofre de uma hiperatividade diurna e noturna. Essa síndrome afeta a motricidade, e, além disso, o impede de se concentrar normalmente. No entanto, ele é inteligente e capaz de progredir. Sensível, sofre com essa situação, pois não tem amigos e costuma ser alvo de zombarias e desconfiança por parte das outras crianças. Tibério precisa consultar um médico psiquiatra infantil que indique um tratamento para sua hiperatividade e os transtornos do sono. Em alguns casos, o tratamento pode incluir medicamentos, assim como acompanhamento psicológico e de reeducação da linguagem e da motricidade. É necessário iniciar o tratamento o quanto antes, a fim de garantir as melhores chances de sucesso para a escolaridade e o bem-estar da criança.

Avalie o temperamento de sono da criança

Responda com "sim" ou "não" a cada uma das perguntas seguintes:

- Seu filho acorda facilmente durante o sono (mediante ruído, contato físico)?
- Seu filho acorda espontaneamente durante a noite, sem motivo aparente?
- O sono de seu filho é muito irregular de uma noite para a outra?
- Seu filho demora a adormecer?
- Geralmente, seu filho tem dificuldade para dormir sozinho (sem a presença de um dos pais)?
- Seu filho exige a presença dos pais quando acorda à noite?
- Seu filho tem dificuldade para voltar a dormir?
- Seu filho se mexe bastante durante o sono?

MENOS DE 2 "SIM": temperamento de sono fácil.
DE 2 A 5 "SIM": temperamento de sono intermediário.
MAIS DE 5 "SIM": temperamento de sono difícil.

TRANSTORNOS DO SONO E AFECÇÕES RESPIRATÓRIAS

23 Às vezes, meu filho ronca. Isso é preocupante?

O ronco é comum, e geralmente não tem conseqüências sérias para a criança. Na maioria dos casos, é transitório e tem relação com uma doença infecciosa das vias aéreas superiores, como um resfriado ou uma rinofaringite. O ronco desaparece quando termina o episódio infeccioso.

No entanto, em alguns casos, pode tratar-se de um sinal de alarme que é preciso levar em conta, pois pode ser acompanhado por apnéias durante o sono, cuja gravidade em crianças é bem conhecida.

Meu filho ronca muito à noite. Devo consultar um médico?

Sim, quando o ronco é intenso e persistente (toda noite ou várias noites por semana, durante mais de um mês), tem de ser levado em conta, pois pode ser o sintoma de uma doença. A causa mais freqüente do ronco em uma criança é o aumento do volume das amígdalas e adenóides. Além disso, a criança que ronca pode sofrer de apnéias durante o sono. Por isso, é necessário consultar um médico, que eventualmente pedirá uma polissonografia (registro do sono). Esse exame permite confirmar ou informar o diagnóstico de apnéias durante o sono.

24 O que é apnéia do sono? Ela pode afetar as crianças?

A apnéia é um evento respiratório que consiste na interrupção ou diminuição do fluxo de ar na garganta durante o sono. As crianças, assim como os adultos, podem apresentar apnéias, sobretudo do tipo obstrutivo. A causa mais freqüente das apnéias em crianças é o aumento do volume das amígdalas ou adenóides, que podem constituir um obstáculo, às vezes intransponível, para a corrente de ar. Outras anomalias anatômicas mais raras da face, como um aumento do volume da língua ou anomalias do maxilar inferior, também podem causar a apnéia.

As apnéias também podem ser causadas por uma disfunção do controle respiratório?

Sim. São as apnéias de origem central. Nesse caso, não é um obstáculo mecânico que causa a apnéia, e sim uma anomalia do controle respiratório, ao nível cerebral. As apnéias centrais ocorrem em crianças muito pequenas, nas quais esse controle ainda é imaturo. Podem persistir em algumas doenças e exigem um tratamento específico.

Quanto tempo pode durar uma apnéia?

De alguns segundos a um minuto, às vezes mais, em alguns casos graves de obstrução ou comprometimento do controle respiratório.

Nas crianças, um evento respiratório é patológico quando sua duração é superior a dois ciclos respiratórios (isso quando sua duração é superior a duas inspirações seguidas de duas expirações). Por outro lado, a duração dos ciclos respiratórios depende da idade da criança.

Existe relação entre as apnéias durante o sono e a síndrome da morte súbita do lactente?

Entre as causas possíveis da morte do lactente durante o sono, as hipóteses atuais apontam mais para os fenômenos de termorregulação (processos de troca térmica entre o organismo e o meio exterior). Por isso, é aconselhável afastar as cobertas das crianças com febre, evitar que permaneçam em um ambiente superaquecido e manter o quarto à temperatura de cerca de 19 °C.

Síndrome da apnéia obstrutiva do sono: o que é preciso saber

Essa síndrome é uma das principais causas de sonolência excessiva diurna na criança. As dificuldades escolares seriam mais freqüentes nas crianças que roncam. Na maioria dos casos, a repercussão intelectual relacionada à síndrome da apnéia obstrutiva do sono parece reversível, depois do tratamento de suas causas.

25 O que é a síndrome da apnéia-hipopnéia obstrutiva do sono (SAHOS)?

Essa síndrome se caracteriza por episódios repetidos de obstrução parcial ou completa das vias aéreas superiores exclusivamente durante o sono. Geralmente, essas pausas respiratórias obstrutivas causam uma diminuição da taxa de oxigênio no sangue. Em crianças, a SAHOS costuma ser causada por um aumento de volume das amígdalas e adenóides.

Os sintomas clínicos da SAHOS são múltiplos e podem associar ronco alto e freqüente, posição anormal durante o sono (cabeça pendente para fora da cama ou elevada com vários travesseiros), pausas respiratórias repetidas durante a noite, seguidas de retomada inspiratória ou despertar completo, sudorese excessiva, sono não-reparador, com cansaço ao acordar ou dificuldade para sair da cama, e dores de cabeça matinais. Também podem ocorrer respiração bucal, enurese noturna persistente e outras parassonias.

Como diagnosticar esta síndrome?

O exame polissonográfico permite confirmar um diagnóstico da SAHOS e determinar sua gravidade. O tratamento é sobretudo cirúrgico, consistindo na retirada do obstáculo na região das vias aéreas superiores (extração das amígdalas ou adenóides).

Sintomas das apnéias durante o sono nas crianças

- Ronco alto, ruidoso ou freqüente.
- Posição da cabeça virada para trás, com o pescoço distendido, durante o sono.
- Pausas respiratórias.
- Retomadas respiratórias, despertar.
- Sudorese noturna.
- Respiração pela boca aberta.
- Sono agitado.
- Enurese persistente.
- Transtornos do comportamento diurno.
- Atraso estaturoponderal (altura e peso abaixo do normal).

O caso de Mateus, de oito anos

Segundo sua mãe, Mateus apresentava sintomas claros de hiperatividade. Um médico chegou a propor um medicamento para acalmar sua agitação. Ele era desatento nas aulas, e seu aproveitamento escolar caiu de maneira inquietante. Roncava alto durante a noite e sempre dormia de boca aberta, a tal ponto que o travesseiro ficava molhado de saliva de manhã. Sua mãe não se preocupou com isso, pois o pai de Mateus também ronca...

Um médico ORL (otorrinolaringologista), que examinou Mateus por ocasião de uma otite, constatou que a criança tinha amígdalas muito grandes, praticamente coladas uma à outra, e aconselhou aos pais uma operação no menino, porque as adenóides também eram muito grandes e o impediam de respirar livremente pelo nariz.

Depois dessa operação, a qualidade do sono de Mateus melhorou bastante. Ele se agita menos à noite, sua respiração é mais calma e regular, dorme de boca fechada e acorda na manhã seguinte sentindo-se melhor. Seu comportamento durante o dia também mudou. Mateus presta mais atenção na sala de aula, mostra-se menos irritável e sobretudo mais calmo. Os sintomas de hiperatividade desapareceram quase inteiramente.

O caso de Mateus ilustra bem as conseqüências possíveis de perturbações respiratórias durante o sono da criança. Transtornos do comportamento são constatados com freqüência em crianças que sofrem de apnéias durante o sono. Podem ter o aspecto de transtornos psicopatológicos conhecidos como, por exemplo, a síndrome de hiperatividade. Nesse caso, a criança se mostra agitada durante o dia, irritável, impulsiva, aceitando mal a frustração ou a autoridade. Esses sintomas melhoram ou desaparecem depois do tratamento de suas causas.

Meu filho é pequeno para sua idade. Isso pode ter relação com a qualidade do sono?

Sim, pois o hormônio do crescimento é secretado durante o sono. As apnéias durante o sono podem afetar o crescimento da criança ao alterar a qualidade do sono. Portanto, sua dosagem é necessária em uma criança que ronca ou tem dificuldade para respirar à noite. Uma polissonografia (registro do sono) pode ser recomendável. Nesse caso, o tratamento das apnéias é primordial. Alguns testes específicos permitem medir o perfil de secreção do hormônio do crescimento durante a noite, para verificar se sua produção é normal.

O EXCESSO DE SONO

26 Meu filho sente sono durante as aulas. Isso é normal?

A sonolência na criança deve chamar a atenção dos pais e professores. Não se trata unicamente de cansaço, mesmo quando a criança descreve assim seu problema, e sim da necessidade constante de adormecer e resistir ao sono.

As causas da sonolência excessiva diurna são diversas. A primeira é o sono insuficiente em crianças que dormem pouco à noite. Outras causas são igualmente possíveis, sobretudo as apnéias durante o sono, que podem provocar transtornos acentuados da vigilância.

Escala de sonolência adaptada à criança e ao pré-adolescente (ESCA)

CRIANÇAS (A PARTIR DE SEIS ANOS) E PRÉ-ADOLESCENTES

Pode ser que você sinta vontade de dormir durante o dia. Caso isso aconteça em uma das situações abaixo, marque o número que define melhor aquilo que você sente.

0 = nunca sinto vontade de dormir
1 = às vezes sinto vontade de dormir
2 = freqüentemente sinto vontade de dormir
3 = sempre sinto vontade de dormir

SITUAÇÃO	0	1	2	3
Calmamente sentado, lendo, desenhando ou escrevendo	0	1	2	3
Vendo televisão	0	1	2	3
Brincando sozinho com um jogo de videogame ou computador	0	1	2	3
Brincando na rua com os amigos ou praticando esporte	0	1	2	3
Em um automóvel ou trem em movimento há mais de uma hora	0	1	2	3
Na sala de aula de manhã	0	1	2	3
Na sala de aula depois do almoço	0	1	2	3
No recreio	0	1	2	3
Aos domingos, quando você se deita para descansar	0	1	2	3
De manhã ao acordar	0	1	2	3
De noite ao ir para a cama	0	1	2	3

Escala de sonolência adaptada à criança e ao pré-adolescente. Versão francesa. M. Lecendreux, E. Konofal. (03/2001)

PONTUAÇÃO FINAL = ______

Um resultado final superior a seis indica sonolência excessiva, que por sua vez pode significar sono insuficiente. Um resultado superior a oito em uma criança ou pré-adolescente é motivo para consultar um médico.

Algumas doenças raras como a narcolepsia também podem causar sonolência excessiva diurna. Por isso, identificar suas causas é aconselhável o mais cedo possível, para que as crianças possam receber assistência terapêutica.

O caso de Patrícia

Patrícia sofre de narcolepsia desde os oito anos. Estava na segunda série do ensino fundamental quando começou a se sentir incomodada por acessos de sono, contra os quais nada conseguia fazer. No início, seus colegas se espantavam ao vê-la "cabecear" de sono e até adormecer. Por várias vezes, a professora tentou acordá-la e lhe pediu que desse uma volta no pátio, sem muito sucesso. Recomendou a Patrícia que se deitasse mais cedo e perguntou à mãe se a filha estava dormindo dez horas por noite. Esses conselhos foram inúteis, pois Patrícia dormia pelo menos 12 horas por noite. Suas amigas não se interessavam muito por ela, e até a professora acabou se acostumando a vê-la dormir no fundo da classe. Afinal de contas, ela não incomodava ninguém. No Natal, as notas finais de Patrícia foram baixas e ela recebeu a recomendação de estudar mais e "acordar" no segundo trimestre.

Então, a mãe de Patrícia decidiu consultar um médico, que não encontrou nenhuma anomalia física em Patrícia. Os resultados dos exames de sangue eram normais. Por isso, ele decidiu enviar Patrícia a uma clínica do sono, onde um médico especialista examinou a menina. Patrícia passou ali uma noite inteira para que seu sono fosse registrado por meio de eletrodos fixados em seu corpo. No dia seguinte, o médico lhe pediu que fizesse cinco sestas, continuando a registrar seu sono.

Os resultados dos testes demonstraram que ela sofria de narcolepsia. Patrícia dormia muito, adormecia com muita rapidez e, sobretudo, costumava iniciar o sono com a presença de sono REM ou sono paradoxal, coisa totalmente anormal em sua idade. Um exame de sangue chamado "tipagem HLA" (exame que identifica a genética do indivíduo) confirmou igualmente o diagnóstico. Desde então, um tratamento eficaz, novas regras de vida e repouso fizeram com que Patrícia pudesse retomar sua escolaridade em condições muito melhores e recuperar uma parte de seu atraso escolar.

O que é a narcolepsia? Ela também afeta crianças?

A narcolepsia é uma doença do controle da vigília que pode, em alguns casos raros, ter início na infância. A criança se mostra anormalmente sonolenta e adormece em qualquer situação. As sestas são mais longas e mais freqüentes do que deveriam. Depois das sestas, a criança se sente bem e seu nível de atividade é normal. Algumas formas de narcolepsia foram descritas em crianças a partir de seis anos de idade.

capítulo 3

O sono do adolescente

AS CARACTERÍSTICAS DO SONO DO ADOLESCENTE

27 O que é preciso saber sobre o sono do adolescente?

A adolescência é um período da vida durante o qual surgem várias mudanças, principalmente físicas, sob o efeito das modificações hormonais da puberdade. O sono e a vigília não escapam a essas modificações. Em primeiro lugar, a tendência à sonolência excessiva diurna é mais pronunciada na adolescência do que na infância. Por outro lado, existe uma tendência natural a atrasar o horário de ir para a cama e adormecer mais tarde. Essa tendência a atrasar o horário de adormecer se deve a modificações dos ritmos biológicos calcados em um ciclo de 24 horas (ritmo circadiano). Por fim, a influência social e comportamental acentua ainda mais essa tendência a postergar o sono. Daí um prolongamento do período de vigília que, a longo prazo, pode provocar insuficiência de sono.

Uma pesquisa recente mostrou que a duração média do tempo de sono é de 8,4 horas na 1ª série do ensino médio, caindo para 7,3 horas na última série.

Assim, o sono insuficiente é um problema freqüente em adolescentes. Isso não deixa de ter conseqüências. Com efeito, o sono insuficiente pode gerar cansaço ou desejo de dormir durante o dia, grande dificuldade para acordar de manhã, bocejos repentinos e até o adormecimento em sala de aula. Problemas de ordem psicológica também podem ter relação com a falta de sono. Eles podem se manifestar por meio de uma certa irritabilidade, até mesmo ansiedade, pouca resistência ao estresse, baixa auto-estima, humor melancólico ou ainda depressão.

Segundo pesquisas recentes, os adolescentes que dormem menos de seis horas por noite têm baixo aproveitamento escolar e estão mais expostos aos riscos de depressão, ansiedade e transtornos do comportamento do que aqueles que dormem bem (nove horas por noite ou mais).

REGISTRE SUA SONOLÊNCIA DIURNA E VEJA SE VOCÊ ESTÁ DORMINDO BEM

Este questionário permite avaliar a sonolência diurna de um adolescente, isto é, a facilidade com que ele adormece durante o dia.
Pode ser que você sinta vontade de dormir durante o dia. Caso isso aconteça em uma das situações abaixo, marque o número que define melhor aquilo que você sente.

0 = nunca sinto vontade de dormir
1 = às vezes sinto vontade de dormir
2 = freqüentemente sinto vontade de dormir
3 = sempre sinto vontade de dormir

SITUAÇÃO	0	1	2	3
Calmamente sentado, lendo, desenhando ou escrevendo	0	1	2	3
Vendo televisão	0	1	2	3
Brincando sozinho com um jogo de videogame ou computador	0	1	2	3
Brincando na rua com os amigos ou praticando esporte	0	1	2	3
Em um automóvel ou trem em movimento há mais de uma hora	0	1	2	3
Na sala de aula de manhã	0	1	2	3
Na sala de aula depois do almoço	0	1	2	3
No recreio	0	1	2	3
Aos domingos, quando você se deita para descansar	0	1	2	3
De manhã ao acordar	0	1	2	3
De noite ao ir para a cama	0	1	2	3

Escala de sonolência adaptada à criança e ao adolescente. Versão francesa. M. Lecendreux, E. Konofal. (03/2001)

PONTUAÇÃO FINAL = ______

Um resultado final superior a seis indica sonolência excessiva, que por sua vez pode significar insuficiência de sono.

AS NECESSIDADES DE SONO

28 Quais são as necessidades de sono de um adolescente?

As necessidades de sono variam de um adolescente para outro. Alguns dormem pouco e se contentam com menos horas de sono (seis horas ou menos). Eles representam cerca de 2,5% dos adolescentes e jovens adultos. Outros, ao contrário, dormem bastante. Necessitam de mais de nove horas por noite para sentir-se totalmente em forma, e também representam cerca de 2,5% da população dos adolescentes e jovens adultos. Para a grande maioria (95%), o número ideal de horas de sono se situa entre esses dois valores.

Geralmente, os adolescentes não dormem pelo tempo suficiente durante a semana, para levarem uma vida ativa em um nível ideal. Os que dormem menos ficam mais expostos a dificuldades de toda sorte, principalmente escolares, e têm mais problemas comportamentais e de saúde.

Como determinar as necessidades de sono de um adolescente?

O mais importante é não tentar dormir "como seu vizinho", esforçando-se para determinar a quantidade de sono necessária a cada pessoa. Essa quantidade pode variar conforme a idade, pois as necessidades de sono não são idênticas no início e no fim da adolescência.

O melhor período do ano para analisar o sono do adolescente são as férias. Durante esse período, é possível dormir à vontade, sem a imposição de horários, e definir a duração do sono ideal, depois do qual a pessoa se sente em forma desde a parte da manhã, sem cansaço nem sonolência durante o dia. Na prática, é recomendável anotar este número de horas em uma seqüência de três a quatro noites, sem atividades até mais tarde, noites em claro ou longas sestas durante o dia.

Perguntas corretas para determinar as necessidades de sono

Sou uma pessoa "da noite" ou "da manhã"? Tenho necessidade de no mínimo quantas horas de sono? E qual seria a quantidade ideal para me sentir em plena forma? Durmo bastante ou durmo pouco? O que acontece com meu sono durante os períodos escolares, as férias, os fins de semana?

O caso de Alexandre, de 16 anos

Para Alexandre, dormir é uma perda de tempo. Ele tem muitas outras coisas para fazer!

Assim como Alexandre, muitos adolescentes acreditam que o sono é uma perda de tempo. Eles preferem viver à noite... Assim, o sono é pouco valorizado pelos jovens, que preferem ir para a cama o mais tarde possível a fim de aproveitar esse período privilegiado que é a noite. O quarto e a cama se tornam então espaços recreativos onde se pode ler, ver televisão, brincar com jogos de vídeo, "navegar" na internet etc. Muitas vezes, alguns grupos de discussão se reúnem à noite na internet, e os adolescentes lançam desafios para descobrir quem consegue ficar acordado por mais tempo...

"Mau comportamento" e sono desorganizado

- Sestas mal-programadas, noites em claro, diferença de horários nos fins de semana ou nas férias etc.
- Acordar tarde, sono diurno prolongado, levantar-se depois do meio-dia etc.
- Trabalho à noite, atividades esportivas ou de treinamento até tarde, programas noturnos, lazer, jogos *online* à noite, celulares etc.

O sono é um tipo de fuga?

Para alguns adolescentes, o sono pode se tornar um comportamento de fuga que lhes permite afastar-se da vida cotidiana, social, interativa e familiar. Assim, alguns deles ficam na cama durante boa parte do dia, sem dormir obrigatoriamente, mas com tendência a dormitar, ouvir música, relaxar, beber ou comer. O tempo de sono aumenta de maneira significativa ao longo de 24 horas, substituído basicamente pelo sono leve. Mas o aumento do tempo de sono não faz com que eles se sintam mais descansados, queixando-se de cansaço em boa parte do tempo...

Como utilizar uma "agenda do sono"?

A "agenda do sono" é um tipo de registro para que o adolescente possa calcular sua média de horas de sono por noite. Para que a estimativa seja correta, é preciso preencher a agenda durante 8 até 15 dias, inclusive nos fins de semana ou períodos de férias.

horas / dias	20h	21h	22h	23h	24h	1h	2h	3h	4h	5h	6h	7h	8h	9h	10h	11h	12h	13h	14h	15h	16h	17h	18h	19h	QN	QD	Comentário
D1				C↓									↑														
D2																											
D3																											
D4																											
D5																											
D6																											
D7																											
D8																											
D9																											
D10																											
D11																											
D12																											
D13																											
D14																											
D15																											

Faça uma cópia ampliada desta agenda, para usá-la mais facilmente.
Assinale os momentos de despertar noturno e sua duração (ver Dia 1).
C: indica o momento de ir para a cama. ↓: indica o momento de apagar a luz.
↑: indica o despertar.
A cada dia, assinale os momentos em que você sentiu sono: O
A cada dia, assinale os momentos em que você dormiu: ●
QN: qualidade da noite (faça uma avaliação de 0 a 10).
QD: qualidade do dia – até que ponto você se sente em forma (faça uma avaliação de 0 a 10).

Na prática, é preciso anotar todos os períodos de sono, durante o dia e à noite, assim como os comportamentos relacionados ao sono – rituais que precedem a ida para a cama e o adormecimento. Esta agenda ajuda a fazer um balanço dos momentos do dia em que o adolescente sente sono, por exemplo depois do almoço ou nas aulas da manhã. A "agenda do sono" constitui assim uma primeira etapa para avaliar os ritmos vigília/sono.

HIPNÓTICOS E ESTIMULANTES

29 O que se deve pensar das substâncias para dormir e para ficar acordado?

Existem várias substâncias que exercem efeito estimulante, isto é, que favorecem a concentração e a atenção. Da mesma forma existem substâncias calmantes, que provocam o sono. De modo geral, não se deve usar nenhuma delas, pois sempre existe risco de dependência. Para algumas substâncias, esse risco de dependência é mínimo (é o caso das vitaminas e oligoelementos, por exemplo), mas para outras é muito mais acentuado (o caso do tabaco, do álcool ou dos psicotrópicos), que implicam sérios perigos para a saúde.

O caso de Eva, de 16 anos

Eva está tomando medicamentos para dormir há seis meses. Hoje em dia, ela afirma que não consegue dormir sem eles...

Os medicamentos hipnóticos não são aconselháveis para os adolescentes. Só devem ser receitados pelo médico em alguns casos específicos e por pouco tempo. O risco é habituar-se a esses medicamentos e ter muita dificuldade para deixar de usá-los em seguida. Eva deveria consultar um médico para reduzir progressivamente os medicamentos e encontrar uma maneira mais natural de dormir. Além disso, o efeito que esses medicamentos exercem sobre a memória, mesmo no caso de uma dose única, é considerável. Assim, não devem ser usados antes de um exame, por exemplo, pois a pessoa corre o risco de esquecer boa parte do que aprendeu...

Pode-se tomar vitaminas antes de um exame?

As vitaminas, os oligoelementos, as lecitinas, o cálcio, o fósforo e outros antiastênicos podem ser receitados por um clínico-geral em períodos de estudo intensivo. Muitas vezes, essas substâncias têm efeito psicológico benéfico, mas seu impacto real sobre a memória e a concentração não foi comprovado.

O tabaco pode prejudicar a qualidade do sono?

O tabaco é uma das substâncias que exercem efeito estimulante e perturbam o sono. Sabe-se também que a quantidade de sono é menor em adolescentes fumantes com relação aos não-fumantes.

O álcool pode prejudicar a qualidade do sono?

O álcool favorece o adormecimento, mas perturba a organização dos estágios de sono e diminui o sono profundo – cuja função restauradora tem especial importância nesse período da vida. Finalmente, o risco de dependência do álcool é mais acentuado em pessoas jovens.

A maconha pode prejudicar a qualidade do sono?

A maconha, cujo consumo passou a ser freqüente entre adolescentes, favorece o relaxamento muscular e psíquico e pode facilitar o adormecimento. Mas esse consumo pode ser perigoso – não é aconselhável aos jovens por causa do hábito e da dependência, além dos prejuízos para o sistema cognitivo (memória, aprendizado) e para o sistema cardiovascular.

O consumo de substâncias que reforçam o estado de vigília pode prejudicar a qualidade do sono?

Para ficarem acordados até tarde da noite, ou simplesmente durante o dia, alguns jovens não hesitam em consumir muito café, fumar grande quantidade de cigarros, tomar estimulantes ainda mais poderosos como as anfetaminas, a cocaína e seus derivados, ou ainda o *ecstasy*. Essas substâncias prejudicam seriamente a saúde, e a banalização de seu consumo, em alguns meios sociais, as torna ainda mais perigosas.

O consumo de drogas modifica o sono?

O consumo regular de drogas como as anfetaminas, o *ecstasy* e a cocaína provoca um estado de privação crônica de sono. A gravidade dessa privação depende da dose, da própria substância em uso e da duração da toxicomania.

De maneira geral, o tabaco, o álcool, a maconha, os psicotrópicos e as outras drogas, sejam quais forem, mesmo em doses pequenas, prejudicam o sono e a saúde em geral. Assim, devem ser evitados pelos adolescentes e adultos.

Todas as drogas têm o mesmo efeito sobre o sono?

Não. Os alucinógenos como o LSD não interferem diretamente no sono, mas causam graves transtornos psíquicos. As anfetaminas provocam redução do sono paradoxal. A suspensão de seu uso pode levar a uma depressão às vezes grave, associada a comportamentos suicidas e uma retomada intensa do sono paradoxal, com pesadelos e sonhos agitados. O *ecstasy* pode suprimir totalmente o sono paradoxal. Em todos os casos, as conseqüências são extremamente graves no que diz respeito ao sono e às funções psíquicas.

Então, o que pensar das "*rave parties*"?

A privação do sono, associada ao uso de substâncias psicotrópicas e ao efeito da música "*tecno*", pode causar crises de epilepsia em pessoas fragilizadas ou predispostas. Além disso, pode agravar os efeitos psíquicos ligados ao uso dessas substâncias (tristeza, euforia, delírio, alucinações etc.) e os transtornos de comportamento.

SONO E ESTILO DE VIDA

30 Quais são os fatores ambientais que podem afetar o sono de um adolescente?

Alguns adolescentes comprometem seu tempo de sono levando uma vida ativa à noite – ficam lendo até tarde, fazem os deveres de casa à noite, saem com os amigos, vêem televisão etc.

O caso de Jorge, de 14 anos

- *Jorge adormece ouvindo música* "tecno" *com o fone de ouvido. Devo retirar seu aparelho de som?*

Um ambiente muito barulhento é fonte de estresse e não favorece o adormecimento. Jorge poderia ter um aparelho de som no quarto, contanto que ouvisse música antes de ir para a cama, em vez de usá-la como um recurso para adormecer...

Um ambiente luminoso demais no quarto de dormir também é ruim para o sono. Nosso "relógio biológico" precisa da alternância entre dia e noite, e, portanto, entre luz e escuridão. É recomendável diminuir a intensidade da luz no momento de ir para a cama e apagá-la para adormecer no escuro.

É necessário adormecer no escuro?

Sim, sobretudo quando o adolescente tem tendência a adiar cada vez mais seus horários de adormecimento. A ausência completa de luz, mesmo de pequena intensidade, favorece o adormecimento e evita a formação de uma síndrome de atraso da fase do sono. Assim, é recomendável adormecer em escuridão completa e expor-se a uma luz intensa de manhã, para manter ritmos de sono adequados.

Por que não é aconselhável ver as horas no despertador (ou rádio-relógio)?

Ver as horas desfilarem a noite inteira atrapalha o relaxamento necessário para encontrar o sono. Esse hábito gera pensamentos negativos, tais como: "Já é meia-noite e ainda não estou dormindo, são mais de duas horas e o despertador vai tocar, nunca estarei em forma amanhã cedo, se eu não dormir imediatamente vou perder a revisão de matemática etc.".

O que se deve pensar da leitura prolongada de "*e-books*" e outros livros eletrônicos na cama?

Os progressos da tecnologia facilitam cada vez mais o acesso à informação, como no caso dos telefones WAP, dos *e-books* e brevemente dos livros com tela retro-iluminada. Saber interromper o *zapping* mental será cada vez mais necessário para evitar estímulos permanentes e um fluxo de informações sem controle seletivo. A leitura na cama só é aconselhável quando se limita a 10 ou 15 minutos, levando ao entorpecimento, às pálpebras pesadas e, finalmente, ao sono. Retro-iluminado ou não, o livro precisa cair das mãos.

As sestas durante as férias ou nos fins de semana podem modificar os ritmos de sono do adolescente?

As sestas durante as férias ou nos feriados ajudam a recuperar o sono em atraso e têm efeito benéfico. Na prática, não é necessário que essas sestas sejam muito longas. De 15 a 30 minutos costumam ser suficientes. Por outro lado, passar muitas horas na cama nos fins de semana, ou levantar-se muito tarde durante as férias, podem contribuir para alterar os ritmos de sono.

O esporte ajuda a dormir melhor?

Sim, o esporte e a atividade física em geral exercem efeito benéfico sobre o sono. O esporte é um fator importante de equilíbrio e higiene de vida. Segundo uma pesquisa norte-americana, realizada com mais de 20 mil adolescentes, os mais esportistas apresentaram menos problemas de depressão e ansiedade que os demais. Além disso, seus resultados escolares eram melhores.

Matilde, de 13 anos, nunca teve tempo de tomar o café da manhã antes de ir para a escola

É uma pena, pois o café da manhã é um momento muito importante do dia. Faz parte do ritual do despertar, avisando ao "relógio biológico" no cérebro que o dia vai começar. É também um momento agradável de descontração antes do início do dia. É recomendável tomar um café da manhã equilibrado, para que o organismo possa repor as reservas de energia e açúcar que foram gastas durante o sono.

As técnicas de "administração do sono" podem ser adquiridas já na adolescência?

O papel do aprendizado é decisivo para a aquisição de uma boa higiene do sono, que garante um sono de qualidade. Evidentemente, é melhor adquirir desde cedo as técnicas corretas de "administração do sono", mas nunca se é tarde demais para aprendê-las! Em todos os casos, é melhor mantê-las e reforçá-las já na adolescência.

Aprendizado das técnicas de "administração do sono" nos adolescentes

- Favorecer rituais eficazes de adormecimento.
- Favorecer um ambiente adequado ao sono.
- Evitar o uso sistemático de substâncias para dormir.
- Explicar a importância do sono e as conseqüências a longo prazo do sono insuficiente e da alteração dos ritmos vigília/sono.
- Aprender a administrar o estresse.
- Aprender a relaxar.

SONO E SEXUALIDADE

31 A descoberta da sexualidade pode afetar o sono?

A sexualidade ocupa um lugar importante na vida psíquica e no imaginário dos adolescentes. Alguns deles têm relações sexuais cada vez mais precoces. No entanto, a atividade sexual, quando precede o adormecimento, costuma ser auto-erótica. Os jovens podem recorrer à masturbação para acalmar as tensões ou pulsões, e ela pode levar ao prazer por meio da descoberta do corpo... Não existem indícios de que a masturbação possa alterar o sono. Ela só se torna patológica quando existe freqüência excessiva ou comportamentos repetitivos, compulsivos e até exibicionistas em algumas crianças e adolescentes.

É normal ter uma ereção durante o sono?

As ereções ocorrem nos rapazes de maneira cíclica ao longo da noite, durante o sono paradoxal, e podem se repetir de quatro a sete vezes por noite. Sua duração média é de 20 minutos. Podem ser dolorosas, mas geralmente a pessoa que dorme não se dá conta delas.

SONO E ESTRESSE

32 Qual é a influência do estresse sobre o sono?

O estresse é inimigo do sono porque contraria o adormecimento, aumenta a propensão à vigília e modifica alguns estágios do sono, sobretudo o sono paradoxal. Pesquisas demonstraram que a taxa de hormônios do estresse, como a cortisona ou as catecolaminas, é maior nos adolescentes que sofrem de insônia.

Como diminuir o nível de estresse?

É fundamental diminuir o nível de estresse durante o dia. Para isso, basta por exemplo organizar o tempo, evitando adiar sistematicamente os deveres de casa para fazê-los à noite... Além disso, pode-se diminuir o estresse à noite ao reservar um momento de descontração antes de dormir, a fim de preparar o sono. Ler, desenhar, ouvir música, ver televisão ou praticar relaxamento são atividades recomendáveis antes de ir para a cama.

SONO E DESEMPENHO

33 Como dormir bem para ter o melhor desempenho possível no dia seguinte?

Sono e desempenho são duas palavras contraditórias, pois o sono é acima de tudo um momento de prazer e descontração. No entanto, algumas situações nas quais se necessita de desempenho extremo – esportes radicais, como windsurfe, alpinismo etc. – exigem uma excelente administração dos tempos de repouso e sono. Efetivamente, o sono é um período durante o qual a pessoa fica vulnerável e não percebe os perigos exteriores. Mas a ausência ou falta de sono conduzem a perigos igualmente reais, devido aos erros que podem provocar. Portanto, é necessário que cada pessoa conheça bem seu sono e sua capacidade de regeneração.

Dormir demais pode ser inútil e até perigoso em algumas situações de risco (esportes de montanha ou mar etc.). Adormecer nos intervalos, por mais breves que sejam, permite ganhar tempo de sono e pressupõe o uso de rituais de adormecimento operantes e eficazes. O tempo de sesta necessário para ficar em forma também tem de ser considerado, assim como o momento mais adequado para "encaixar" a sesta. A maneira como os esportistas aprendem a organizar seu sono é um exemplo para todos aqueles que tentam melhorar sua competência nesse domínio.

Qual a influência dos dias letivos e não-letivos sobre o sono?

Várias pesquisas mostram que a maioria dos adolescentes dorme melhor no fim de semana ou nas férias, em comparação com os dias de semana. Eles se queixam de dificuldades para adormecer, acordam mais vezes durante a noite, têm um despertar mais difícil etc. A explicação desse fenômeno é o fato de que as noites que antecedem os dias letivos são geralmente mais curtas, enquanto a duração do sono aumenta no fim de semana (efeito de retomada). Assim, a pressão escolar afeta decisivamente a qualidade do sono em alguns adolescentes.

Como dormir bem antes dos exames?

Os exames escolares e aulas de revisão são situações que aumentam o nível de estresse e podem provocar insônias.

Planejar a revisão das matérias, reler a lição de manhã cedo em vez de estudar na cama até tarde da noite, e antecipar e organizar o tempo de estudo são algumas das recomendações para administrar o estresse da melhor maneira e não deixar que as preocupações do dia seguinte atrapalhem a noite... A mesma coisa vale para os períodos de descontração ou relaxamento antes de dormir, para as técnicas de relaxamento, esvaziando a mente de pensamentos, atividades calmas e recreativas durante alguns minutos antes de adormecer, e, sobretudo, não atrasar o horário de ir para a cama na véspera de um exame.

Diminuir o estresse durante o dia, ao se praticar uma atividade física regular com intervalos de repouso ou relaxamento, continua sendo o método mais seguro de dormir bem antes de um exame ou competição esportiva. Finalmente, os hipnóticos e outros estimulantes (tabaco, café) devem ser evitados.

Administrando o sono

- Tente manter horários de sono regulares.
- Administre a pressão escolar (exames, aulas de revisão, concursos, estudo individual, uso do computador).
- Pratique uma atividade física regular (caminhada, esporte).
- Conserve momentos de repouso e descontração (atividades de lazer, relaxamento).
- Prepare as transições dos fins de semana e das férias (evite uma alteração excessiva dos ritmos).
- Evite os hipnóticos (sobretudo seu uso prolongado).
- Evite os estimulantes (tabaco, café, medicamentos psicotrópicos etc.).
- Adapte o ambiente de sono (luz, ruídos, conforto etc.).

OS TRANSTORNOS DO SONO

34 A má higiene do sono pode causar verdadeiros transtornos?

O que se entende por "higiene do sono" são regras simples que permitem um adormecimento fácil e uma regularidade nos horários de dormir e acordar. Muitas vezes, essas regras se baseiam no bom senso. São relativamente pouco restritivas e ajudam a evitar o surgimento de transtornos, muitas vezes de difícil solução, como a insônia condicionada, ou a síndrome de atraso da fase do sono.

Alguns exemplos de má higiene do sono

Cecília está na 1ª série do ensino médio e começa a fazer suas lições de casa por volta de 22h. Sebastião pratica esporte duas vezes por semana até às 22h30. Depois disso, tem muita dificuldade para adormecer. Sabina, de 14 anos, costuma ter ataques de fome à noite e come no quarto antes de se deitar, ou, às vezes, se levanta para pegar comida na geladeira. Tânia usa seu telefone celular tarde da noite no quarto ou na cama para falar com seus colegas. Vanessa prefere fazer a lição de casa durante o dia, sentada na cama e ouvindo música.

Essas situações são desfavoráveis para o início do sono, pois estimulam os mecanismos de vigília nos momentos em que as informações enviadas ao "relógio biológico" deveriam ser de baixa atividade física e mental. Comer, fazer esporte ou lições de casa são maneiras de transmitir ao cérebro o desejo de permanecer em estado de vigília ativa. Além disso, usar a cama ou o quarto como um local para ficar acordado, de dia ou de noite, é incompatível com o adormecimento fácil...

Como modificar a má higiene do sono?

A técnica de controle dos estímulos permite recriar um condicionamento positivo do sono. Fatores que facilitam o adormecimento e induzem o sono podem ser então utilizados. Acima de tudo, é preciso encarar o quarto de dormir e sobretudo a cama como locais que preparam o organismo para o sono. Geralmente, o simples fato de se sentar à mesa estimula o apetite e dá vontade de comer. A mesma situação pode ser criada para o sono, mas para isso é preciso eliminar alguns elementos incompatíveis, que enviam mensagens contraditórias ao cérebro. Quando uma pessoa entra no quarto à noite e começa a bocejar, sentindo-se tranqüila e descontraída, tem boas chances de adormecimento fácil. Quando, ao contrário, ela está sujeita ao estresse e ao excesso de atividade, as condições são desfavoráveis. Os conselhos seguintes podem ser seguidos por pessoas que dormem bem ou mal, pois permitem um aprendizado rápido dos princípios do adormecimento.

Para dormir melhor, é necessário...

- Criar um ambiente compatível com o sono (cama, quarto de dormir).
- Usar a cama unicamente para dormir (evitar leitura prolongada, comer, estudar, telefonar, ouvir música etc.).
- Levantar-se no caso de vigília prolongada (não ficar na cama ruminando os problemas).
- Evitar exercício físico ou intelectual intenso antes de dormir (esporte, lições de casa).
- Manter a regularidade dos horários de dormir e de acordar (nos dias úteis e nos fins de semana).
- Não ficar consultando o despertador durante a noite.
- Recriar um ritual de adormecimento rápido, simples e eficaz.

35 Por que se fala em "insônia condicionada"?

Assim como o cheiro de um bom prato dá água na boca, a visão do quarto ou da cama pode provocar o desejo de dormir ou, em algumas pessoas, o sentimento da impossibilidade de adormecer. Esse tipo de insônia se baseia em comportamentos repetidos de prevenção do sono e afeta essencialmente os adolescentes e jovens adultos. As pessoas afetadas se queixam de sofrer de insônia, associada à alteração do funcionamento do dia (cansaço ao despertar, sonolência, adormecimentos durante o dia). Os comportamentos de falta de sono são reforçados por fatores cognitivos (incapacidade de adormecer apesar dos esforços empregados, pensamentos errôneos sobre a função restauradora do sono etc.), e somáticos (agitação, tensão muscular, vasoconstrição etc.). Um condicionamento negativo com base nos fatores ambientais (quarto de dormir, cama) também favorece isso. Essa insônia condicionada pode evoluir, e costuma ser agravada pelo uso prolongado de medicamentos hipnóticos.

Entre os fatores que contrariam o adormecimento, pode-se citar por exemplo o fato de se ficar "navegando" na internet até meia-noite ou 1h da manhã, ver televisão na cama até sentir sono, ler histórias em quadrinhos na cama durante mais de uma hora até apagar a luz etc.

Por que, quando se sofre desse tipo de insônia, é mais fácil adormecer em um lugar incomum, como na casa de um amigo, em uma colônia de férias ou no sofá da sala?

O ambiente habitual de sono se tornou um local que estimula a vigília e às vezes causa estresse. Quando essa tensão desaparece, os fatores que mantinham a vigília não são mais acionados. Esses fatores são de dois tipos: cognitivos, isto é, que afetam o nível mental – são idéias do tipo "se eu não pegar no sono, não vou conseguir levantar amanhã, vou perder a revisão da matéria por causa da falta de sono, tenho que dormir o mais rápido possível etc." –, ou fatores somáticos, isto é, que afetam o corpo (ver o verbete "Tensão somatizada" no "Glossário" deste livro).

O que significa "tensão somatizada"?

Essa expressão designa um estado fisiológico caracterizado por uma tensão no corpo inteiro, que afeta os músculos e as funções fisiológicas como o ritmo cardíaco e a respiração. Esta última se acelera e fica mais curta, os músculos ficam tensos e contraídos. A pessoa que sofre desse tipo de tensão pode ficar agitada, incapaz de se manter na cama, ou revirando-se de um lado para o outro à procura de uma posição "boa" para dormir. Ela também pode transpirar e, às vezes, sofrer tremores discretos. Esse estado é semelhante ao estado de alerta ou hipervigilância, e não pode conduzir ao sono.

Um círculo vicioso que impede o sono

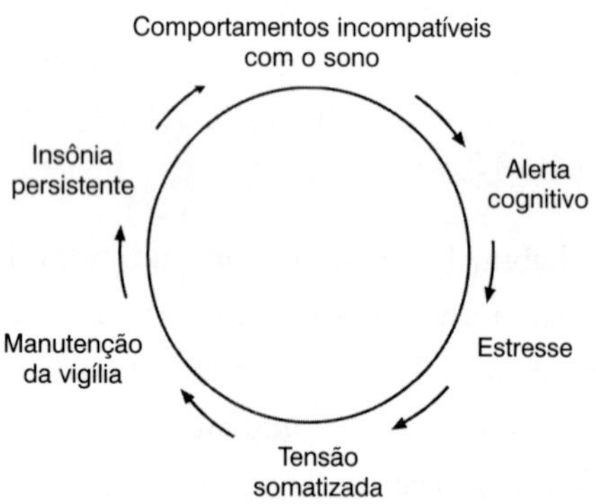

36 O que são insônias ligadas ao transtorno do ritmo circadiano?

Trata-se de transtornos do início do sono que podem ocorrer quando o momento de se deitar não coincide com o momento em que o organismo está disposto a adormecer. Esse momento é determinado biologicamente e depende sobretudo das variações de temperatura do corpo e de mecanismos do cérebro. O momento em que a temperatura do corpo começa a diminuir é o mais propício ao adormecimento.

Tomas, de 13 anos, deve se deitar no mesmo horário de seu irmão de sete anos?

Os adolescentes podem se deitar depois das crianças pequenas. Isso corresponde a uma necessidade fisiológica, pois a diminuição térmica, necessária para o adormecimento, é retardada em comparação com a da criança pequena. Alguns adolescentes conseguem adormecer por volta das 20h sem dificuldade, outros só adormecem por volta das 21h ou 22h. É importante respeitar o ritmo de cada um, sem postergar a hora de dormir mas sem adiantá-la inutilmente. Isso poderia favorecer uma situação de fracasso do adormecimento, gerando uma ansiedade de desempenho e o início de uma insônia condicionada.

37 O que é a síndrome de atraso da fase do sono (SAFS)?

Essa síndrome consiste na exacerbação de tendências naturais constatadas nos adolescentes que dormem e acordam mais tarde. Em alguns casos, essa tendência é tão acentuada que o adolescente, mesmo quando está disposto a isso, não consegue voltar atrás, ou seja, não consegue deitar-se em um horário considerado "razoável". A síndrome de atraso da fase do sono é freqüente e afeta cerca de 7% dos adolescentes e adultos jovens. Segundo algumas pesquisas, pode ocorrer até mesmo em crianças com menos de dez anos.

A prevenção e o tratamento desse distúrbio são realmente necessários? Não é possível acostumar-se com ele?

Em um adolescente que sofre de SAFS, o sono não deixa de ser normal em quantidade e qualidade, mas é impossível obtê-lo nos horários convencionais desejáveis. De modo geral, ele ocorre duas ou três horas depois dos horários normais de acordar e dormir. As conseqüências desse transtorno são graves por causa de sua repercussão na vida escolar – ele pode até mesmo comprometer inteiramente a escolaridade normal –, familiar, social e afetiva dos adolescentes. Quanto ao tratamento, às vezes é difícil e exige a colaboração ativa do adolescente, sem a qual é impossível alcançar a meta desejada.

O caso de Miguel

Miguel não consegue se levantar de manhã, costuma perder as primeiras horas de aula ou adormece de manhã na sala de aula. Miguel se queixa de insônia e não consegue adormecer antes de 2h30 da manhã. Tentou se deitar mais cedo, cansar-se mais durante o dia e até tomar hipnóticos, mas nada adiantou. Fica várias horas acordado na cama à espera do sono. Quando finalmente adormece, não acorda mais, mas tem tanta dificuldade para se levantar que perde a maioria das aulas da manhã. Sua mãe tentou de tudo para acordá-lo, mas acabou desistindo, pois ele voltava a adormecer assim que ela saía para o trabalho. O serviço de despertador por telefone e os três despertadores colocados no quarto também foram inúteis. Quando consegue se levantar, Miguel chega à escola por volta de 11h ou meio-dia, mas geralmente prefere não comparecer. Ele acha que, se dormisse melhor, tudo entraria nos eixos, mas não está disposto a modificar seus hábitos de dormir.

O caso de Dorotéia

Com muito senso de humor, Dorotéia, de 15 anos, pergunta a que horas deve colocar os pais na cama... Dorotéia é a última a se deitar em sua casa. Seus pais desligam a televisão por volta de 23h e se deitam às 23h30. É nesse horário que ela se sente melhor e em plena forma. Não pensa em dormir, e, sim, em praticar atividades pessoais que não teve tempo ou tranqüilidade suficientes para realizar durante o dia.

Pode ser difícil sugerir uma modificação dos hábitos de sono para alguns adolescentes, geralmente pouco dispostos a mudar, e que encontram benefícios evidentes na situação atual, no âmbito escolar ou familiar. A consolidação desse estilo de vida, freqüentemente insidiosa, a ausência de rituais e elementos sincronizadores são fatores que não sugerem um bom prognóstico para resolver o transtorno. Outros fatores psicológicos também podem influir, como a ansiedade social, o retraimento social, a baixa auto-estima. Por isso, é necessário incentivar o adolescente a colaborar e lutar por conta própria para mudar seus hábitos...

Sem dúvida, o melhor tratamento é o de impedir que o transtorno se consolide. Para isso, é preciso cautela, rigor e respeito às regras de higiene do sono. De certa forma, o sono é como um navio que não se deve deixar boiando à deriva. É importante ancorá-lo firmemente em portos fixos que são os estímulos sincronizadores. Os horários de dormir e sobretudo de acordar são sincronizadores poderosos, e é importante que não variem muito. A hora de acordar é um ponto de ancoragem especialmente forte, mais ainda que a hora de dormir.

Uma vez consolidado, é difícil curar o transtorno, pois isso pressupõe modificar os hábitos, comportamentos e horários de dormir e acordar. Pode ser necessária a intervenção de um clínico-geral, ou mesmo o acompanhamento psicológico de um terapeuta. Quando essas medidas são insuficientes, a cronoterapia e a fototerapia podem ser sugeridas. Quanto aos tratamentos medicamentosos como a melatonina, ainda não foram testados o suficiente. Os hipnóticos não são aconselháveis na maioria dos casos.

A importância das terapias comportamentais

As terapias comportamentais e cognitivas demonstraram sua importância no tratamento da insônia em adultos, assim como sua eficácia na administração da vigília cognitiva (terapias cognitivas, interrupção do pensamento), da vigília somática (treinamento autógeno, *biofeedback*) ou dos comportamentos desfavoráveis ao adormecimento (controle dos estímulos). Também podem ser indicadas para tratar a insônia em crianças e adolescentes, a fim de modificar de maneira precoce e duradoura todos os comportamentos incompatíveis com o sono.

O que é a cronoterapia?

A cronoterapia é uma técnica comportamental que visa a modificar os horários de acordar e dormir. Ela pode ser aplicada em um hospital ou em casa, em razão da motivação do adolescente e do apoio de sua família. Quando, por exemplo, o atraso da fase é de menos de três horas (o adolescente adormece entre 23h e 1h da manhã), ele recebe instruções para adiantar progressivamente a hora de dormir, em etapas de 15 a 30 minutos, mantendo constante o horário de acordar (por exemplo, às 7h ou 7h30 da manhã). Por outro lado, quando o atraso da fase é de mais de três horas (o adolescente adormece depois das 2h da manhã), ele deve efetuar a cronoterapia atrasando progressivamente a hora de ir para a cama e dormindo cerca de oito horas. Assim, é possível retornar aos poucos para horários mais convenientes e fixados de antemão.

O que é a fototerapia?

A fototerapia é um tratamento à base de luz utilizado com sucesso na síndrome de atraso da fase do sono. O fato de se expor a uma luz forte de manhã (luz do dia no verão ou luz artificial no inverno) ajuda a criar um avanço da fase do sono. No entanto, a condição para isso é que a luz seja suficientemente intensa, geralmente de mais de 10 mil *lux* (1 *lux* = 1 vela de cera). Essa intensidade luminosa é administrada entre 20 e 30 minutos a cada manhã, durante 15 dias ou até a obtenção de um resultado satisfatório. Por precaução, a exposição é realizada depois de um exame oftalmológico.

SONO E DEPRESSÃO

38 Existe relação entre sono e depressão?

Alguns adolescentes que sofrem de atraso da fase do sono se sentem culpados por causa de suas dificuldades escolares e têm tendência a um isolamento cada vez maior. Esse isolamento agrava o problema de sono, mas também diminui a auto-estima. A ausência de contatos com o exterior, o hábito de ficar ruminando problemas em casa, a falta de sincronizadores sociais costumam alimentar pensamentos pessimistas e uma verdadeira melancolia. Às vezes, é difícil dizer se o problema inicial é a depressão ou o atraso da fase, tão estreita é a relação entre os dois.

A depressão é uma realidade clínica em todas as fases da vida. Ela afeta de 5% a 8% dos adolescentes e adultos jovens, constituindo assim uma fonte importante de desajuste nessa faixa etária. O suicídio é a segunda causa de morte nas pessoas jovens, depois dos acidentes de trânsito, e ocorre com mais freqüência em menores que estão deprimidos, sejam eles crianças ou adolescentes. A depressão pode causar modificações no tempo de sono, aumentando-o ou diminuindo-o. Assim, pode haver tendência a ficar na cama, sentir sonolência, não se levantar de manhã ou, ao contrário, uma insônia com despertar noturno precoce entre 3h e 5h da manhã, sem que o adolescente consiga voltar a dormir. O tratamento é acima de tudo o mesmo da depressão. Pode incluir psicoterapia e/ou uso de medicamentos adequados, depois da avaliação de um médico psiquiatra ou psiquiatra infantil.

SONO E ACIDENTES DE TRÂNSITO

39 Existe relação entre sono e acidentes de trânsito?

Na França, o trânsito mata 2 mil jovens por ano, e esses acidentes mortais costumam ocorrer no final da noite e de madrugada, sob o efeito conjugado do cansaço, do álcool e da falta de sono. No Brasil, isso não é muito diferente. Adormecer ao volante costuma causar acidentes, assim como a avaliação equivocada dos perigos, da sinalização, da velocidade ou das distâncias de freagem. Erros mínimos podem ter conseqüências mortais. Essas estatísticas mostram que é indispensável dirigir sem cansaço, depois de fazer ao menos uma sesta, a fim de limitar ao máximo os riscos de adormecimento ao volante.

TRANSTORNOS DO SONO MENOS FREQÜENTES

40 A menstruação pode afetar o sono?

Milene, de 15 anos, se queixa de sonolência durante a menstruação. Existe explicação biológica para isso?

Sim, pois o período da menstruação é acompanhado, em algumas mulheres e moças, de modificações hormonais que podem afetar a vigília. Os sintomas mais freqüentes são sonolência excessiva, cansaço e, às vezes, transtornos discretos do comportamento, como irritabilidade ou certa morosidade. As manifestações desaparecem completamente depois do fluxo menstrual, mas podem retornar no próximo ciclo. Essa característica recorrente também está presente na síndrome de Kleine-Levin, que afeta basicamente os rapazes (ver p. 143).

41 A obesidade pode afetar o sono?

Romano, de 16 anos, sofre de obesidade desde os 13 anos de idade. Atualmente, pesa mais de 100 quilos, para uma altura de 1m75. Isso pode afetar a qualidade de seu sono?

Na França, assim como em muitos países ocidentais, inclusive o Brasil, a obesidade é um problema que afeta a número cada vez maior de adolescentes e crianças, em idade ainda mais precoce. A obesidade pode afetar o sono. Os adolescentes afetados se queixam de transpiração à noite, ronco, dificuldade para encontrar uma posição confortável, às vezes dor de cabeça ao acordar, mas nem sempre se sentem cansados ou sonolentos durante o dia. O efeito do excesso de peso sobre a respiração durante o sono deve ser verificado, em alguns casos, pelo registro polissonográfico (ver "O laboratório de sono" no Capítulo 6). O risco de apnéias durante o sono parece aumentar com o grau de obesidade.

Patologias respiratórias durante o sono

O caso de Aline

Aline, de 12 anos, se queixa de cansaço ao acordar de manhã. Seu sono não é repousante e ela sente a boca seca durante a noite. Na excursão ecológica, suas colegas zombaram dela porque seu ronco podia ser ouvido em todo o quarto.

As apnéias durante o sono podem ocorrer em adolescentes. São pausas respiratórias durante o sono, geralmente causadas por um obstáculo anatômico que se encontra no fundo da boca (amígdalas, "campainha", base da língua etc.). As pessoas que roncam têm mais tendência a sofrer essas pausas respiratórias. Portanto, devem-se levar em conta sintomas como o cansaço, o desejo de dormir durante o dia, sono agitado ou de má qualidade, em um adolescente que ronca e se queixa de respirar mal à noite (nariz entupido, boca aberta). O médico deverá fazer um exame detalhado, sobretudo da boca e do nariz, e pode pedir um registro do sono que permita detectar a presença de anomalias respiratórias como as apnéias durante o sono.

TRANSTORNOS PRIMÁRIOS DO SONO

42 O que é a narcolepsia/ cataplexia?

A narcolepsia/cataplexia é um transtorno do sono que afeta 12 pessoas a cada 13 mil na França. No Brasil ainda não existem estatísticas sobre isso, mas segundo dados norte-americanos, a narcolepsia acomete 0,026% da população em geral. Os primeiros sintomas da doença ocorrem geralmente na adolescência, com um pico de freqüência por volta de 14 anos. As meninas são tão afetadas quanto os rapazes. Essa doença se caracteriza por sonolência quase permanente durante o dia e por ataques de sono irresistíveis. Também podem ocorrer ataques de cataplexia caracterizado por supressão súbita do tônus muscular. Geralmente, os ataques de cataplexia surgem depois de uma emoção forte, como cólera, a surpresa ou o riso incontrolável. Podem até provocar a queda da pessoa afetada, por exemplo quando ela conta uma anedota, achando que vai divertir os ouvintes.

O caso de Camila

Camila está na 7ª série do ensino fundamental. Ela adormece no carro, na sala de aula, às vezes até na hora do almoço... Não consegue lutar contra esses ataques de sono, mesmo quando dormiu dez horas na noite anterior. Na aula de esportes de inverno, ele adormeceu na cadeira do teleférico. Quando anda de metrô, sempre perde a estação e geralmente acorda no ponto final! Já há algum tempo, tem uma sensação de fraqueza no corpo e nos joelhos, sobretudo durante ataques de riso. Chegou a cair uma vez, e só conseguiu se levantar depois de vários minutos. No entanto, Camila é ótima aluna e sofre bastante quando zombam de sua "preguiça"...

Pode ser que Camila esteja sofrendo de narcolepsia/cataplexia. Os adolescentes narcolépticos lutam quase o tempo todo contra o sono, e podem adormecer em qualquer circunstância. Trata-se geralmente de situações monótonas, nas quais eles estão passivos ou inativos, mas os adormecimentos também ocorrem durante uma atividade prolongada como a caminhada ou mesmo a prática de um esporte.

Como diagnosticar a narcolepsia/ cataplexia?

É importante realizar um diagnóstico precoce dessa doença, pois as conseqüências para a escolaridade, a vida social e familiar podem ser sérias. Principalmente, é indispensável realizar um exame de sono, o registro polissonográfico noturno, a fim de avaliar a qualidade do sono e, sobretudo, a maneira como o paciente adormece. O teste de latências múltiplas do sono (TLMS) serve para verificar de que maneira o adolescente adormece durante o dia. No Brasil, esse teste é feito no dia seguinte à realização da polissonografia padrão no laboratório do sono e é iniciado duas horas depois de o paciente despertar. O TLMS consiste em quatro a cinco registros polígrafos das sonecas que o paciente tirar em intervalos de duas horas e com duração mínima de 20 minutos. Entre uma e outra soneca, o paciente é mantido em alerta e convidado a sair da cama, mas é monitorado para evitar que cochile, o que poderia prejudicar a avaliação da sonolência excessiva. Ele tampouco pode consumir bebidas à base de cafeína e fumar. Por meio desse teste podem ser constatados adormecimentos muito rápidos (às vezes, em menos de um minuto), assim como um ou vários adormecimentos em sono paradoxal. O TLMS, além de quantificar o grau objetivo de sonolência excessiva, também detecta a presença de sono REM precoce, o que é um verdadeiro achado para o diagnóstico da narcolepsia.

Cerca de suas semanas antes do exame, o paciente é orientado a suspender medicação com antidepressivos, estimulantes, sedativos, hipnóticos e anti-histamínicos. Antes e após cada uma das sonecas monitoradas durante o teste, o paciente reponde questionários para determinar o grau de sonolência subjetiva, informando se conseguiu sonhar.

Uma coleta de sangue é necessária para a realização de um exame chamado "tipagem HLA", que serve para identificar uma disposição genética à doença.

Existe um tratamento adequado para adolescentes narcolépticos?

Sim. A sonolência excessiva é, na maioria dos casos, o sintoma que deve ser tratado em primeiro lugar, pois suas conseqüências são muito incômodas. É o caso sobretudo na escola, pois o adolescente tem muita dificuldade para ficar acordado durante todo o dia letivo. Felizmente, existem medicamentos que permitem restaurar uma vigília de boa qualidade. Esses medicamentos (modafinil ou metilfenidato) têm efeito estimulante sobre a vigília e a atenção. Devem de ser tomados de duas a três vezes por dia, para que sua eficácia seja distribuída ao longo do dia inteiro. O tratamento medicamentoso dá chances melhores às crianças e adolescentes narcolépticos de seguirem uma escolaridade normal.

A organização dos períodos de sono e atividade deve ocorrer de acordo com o meio familiar e escolar. Também nesse caso, as medidas de higiene do sono são essenciais (sestas, respeito ao tempo de sono noturno etc.). As sestas são muito importantes, pois permitem restaurar temporariamente uma vigília normal.

A narcolepsia

- Transtorno primário do sono que afeta 12 pessoas em cada 13 mil na França. Pesquisas feitas nos Estados Unidos estimam que 0,026% da população em geral seja afetada por esse transtorno.
- Pico de ocorrência em adolescentes de 14 anos.
- Sintomas principais: sonolência diurna excessiva, acessos de sono irresistíveis, ataques de cataplexia, alucinações hipnagógicas, ataques ou episódios de paralisias do sono.
- Sono: sonecas que se iniciam pelo sono REM ou paradoxal.

A narcolepsia pode ser constatada na fase adulta?

Sim, existem formas de narcolepsia que têm início na fase adulta. Na maioria dos casos, os primeiros sintomas aparecem na adolescência, às vezes até em crianças antes da puberdade.

Um adolescente narcoléptico pode levar uma vida normal?

Sim, embora isso exija um pouco mais de organização e uma boa administração do tempo de sono. Também é possível dispor de um tempo suplementar para os exames.

Quais são as causas da narcolepsia?

Ainda são desconhecidas, embora a hipótese de origem genética pareça cada vez mais provável. Disfunções do tipo imunitário e neuroquímico são encaradas como outras causas possíveis dessa doença. Recentemente, uma anomalia de funcionamento, a degenerescência de células cerebrais que fabricam uma substância chamada hipocretina, foi fortemente aventada (ver verbete "Hipocretina" no "Glossário").

43 Quais são os outros transtornos primários do sono que podem afetar adolescentes?

A hiperssonia idiopática é uma doença rara que se manifesta por meio de sintomas muito semelhantes aos da narcolepsia, despontando geralmente na segunda década de vida, com um pico de freqüência por volta dos 14 anos de idade.

Os adolescentes que sofrem dessa doença dormem muito e se queixam de sonolência constante, mesmo depois de uma sesta. Ao contrário da narcolepsia, não existe ocorrência paralela de ataques ou episódios de cataplexia, alucinações hipnagógicas ou episódios de paralisia do sono. O diagnóstico diferencial em relação à narcolepsia é difícil nos adolescentes, e, às vezes, só pode ser determinado com precisão depois de vários anos de evolução. O tratamento consiste em restaurar o grau normal de vigília diurna.

O que é a síndrome de Kleine-Levin?

É uma afecção rara, assim chamada por causa dos médicos que a descreveram pela primeira vez. Essa doença evolui em surtos e acomete rapazes por volta dos 14 anos de idade, e raramente manifesta-se em moças. Durante os surtos, os adolescentes dormem muito, algumas vezes mais de 20 horas por dia, comem exageradamente, têm transtornos de comportamento e, às vezes, condutas eróticas (masturbação, provocações sexuais etc.). Tudo volta ao normal depois de alguns dias (sete em média) até o próximo acesso. Podem ocorrer vários acessos por ano, e esses transtornos se repetem até a idade de 25-30 anos, desaparecendo definitivamente em seguida. Acredita-se que essas manifestações se devam a uma disfunção temporária do hipotálamo, a região do cérebro que comanda as sensações de fome e sono.

O caso de Cristóvão

Cristóvão, aluno da 6ª série do ensino fundamental, sofre de uma doença muito peculiar. Durante cerca de uma a duas semanas, não consegue freqüentar a escola, dorme o tempo todo, sente muita fome e tem comportamento estranho. Depois desse período, sente-se bem melhor e volta ao normal. Isso já aconteceu três vezes este ano, e ele corre o risco de ser reprovado devido às ausências repetidas. Cristóvão sofre de uma doença rara chamada hiperssonia recorrente, ou síndrome de Kleine-Levin. Por sorte, o diagnóstico foi estabelecido já no terceiro acesso, pois durante a doença podem ocorrer dezenas de episódios. Um tratamento medicamentoso de longo prazo permitiu limitar a ocorrência de acessos, e Cristóvão conseguiu retomar uma vida normal.

Identificação e tratamento de um transtorno primário do sono

- Os transtornos primários do sono podem ser identificados na escola. Os principais sintomas são cansaço, sonolência, adormecimentos, dificuldades escolares etc.
- Elas exigem uma avaliação especializada e um tratamento específico.
- São relativamente raras (12 pessoas a cada 13 mil na França para a narcolepsia/cataplexia, e de 1.000 a 1.500 pessoas ao todo para a hiperssonia idiopática). No Brasil, ainda não existem estatísticas sobre isso. Mas esses transtornos costumam se manifestar na adolescência.

44 O que se entende por parassonia?

O termo "parassonia" designa um conjunto de fenômenos que podem ocorrer durante o sono, mas estão ausentes nos períodos de vigília. Isso inclui os pesadelos, o sonambulismo, os transtornos rítmicos do movimento do adormecimento, entre os mais de 80 tipos que foram descritos. As parassonias afetam sobretudo as crianças e adolescentes. Na maioria dos casos, elas diminuem de intensidade e desaparecem na puberdade. Às vezes, podem persistir na adolescência e até na fase adulta.

O caso de Sebastião

Sebastião, de 14 anos, se recusa a viajar com seu time de rúgbi, pois tem vergonha de movimentar a cabeça para adormecer, acordando todos os seus colegas. Sofre desses sintomas desde a idade de cinco anos, e só consegue cair no sono batendo a testa contra o travesseiro de maneira violenta, a cada três ou quatro segundos.

Os transtornos rítmicos do movimento se caracterizam por movimentos estereotipados, repetitivos, do corpo ou de uma parte do corpo, freqüentemente da cabeça, mas também dos braços, pernas ou tronco. Não são graves, e o risco de ferimentos é relativamente baixo. No entanto, podem se tornar uma verdadeira desvantagem social, pois limitam a vida em grupo dos adolescentes que sofrem desse problema diariamente. Um tratamento medicamentoso pode ser necessário para tentar reduzir sua freqüência e intensidade.

45 Um adolescente pode ser sonâmbulo?

O sonambulismo é raro na adolescência, mas pode persistir em alguns jovens sonâmbulos desde a infância. Esses episódios costumam ser calmos, mas às vezes são acompanhados de ansiedade. O adolescente pode então se machucar ou ferir os parentes próximos quando se sente ameaçado. A febre, as apnéias durante o sono, o consumo de tóxicos, a privação do sono, o estresse ou ainda alguns medicamentos podem favorecer o sonambulismo.

O caso de Arnaldo

Arnaldo, de 15 anos de idade, costuma se levantar da cama durante o sono, uma ou duas vezes por semana. Vai até a sala, liga automaticamente a televisão e volta a se deitar, sem guardar a menor lembrança do que aconteceu. Arnaldo é sonâmbulo desde a infância. Seus episódios de sonambulismo duram de 10 a 15 minutos em média, e costumam ser calmos. Ele volta a dormir em seguida, até o amanhecer, sem nenhuma dificuldade. Em casa, nunca se feriu. Quando viaja para a colônia de férias, seu médico prefere lhe receitar um tratamento medicamentoso, para diminuir o risco causado pelas crises de sonambulismo. No entanto, Arnaldo sempre previne os monitores sobre seu "problema", para que estes possam tomar medidas de segurança em caso de necessidade.

capítulo 4

O sono do adulto

AS NECESSIDADES DE SONO

46 Quais são as necessidades de sono dos adultos?

A média de sono nos adultos é de oito horas. No entanto, alguns adultos se contentam com uma quantidade de sono muito menor (seis horas ou menos), e isso sem prejuízos para o dia seguinte. As pessoas que costumam dormir pouco representam 2,5% da população total. Por outro lado, as pessoas que costumam dormir muito (igualmente cerca de 2,5% da população) só se sentem em forma durante o dia depois de dormir dez horas, às vezes mais.

Conhecer seu próprio sono não implica necessariamente analisá-lo em um laboratório. A quantidade ideal de sono para um indivíduo é aquela que lhe permite alcançar um nível ideal de vigilância e de forma física no dia seguinte. A necessidade de sono é imperativa e não pode ser eliminada, mas o sono também é um comportamento passível de modificação em função das circunstâncias exteriores. Assim como se pode tomar a decisão de comer mais ou menos, pode-se definir um tempo de sono mais longo ou mais curto. O tempo de sono varia, portanto, de uma noite para a outra, e não é um valor fixo.

Para que serve o sono?

Todas as espécies animais estão sujeitas ao desejo de dormir, apesar do perigo potencial que o estado de sono representa para elas.

A espécie humana não escapa a essa regra. A necessidade de sono é essencial no ser humano, e muda conforme a idade. As necessidades são maiores no feto, no recém-nascido, no lactente e na criança, e continuam grandes na fase adulta.

Alguns diriam que o estado de sono prepara o da vigília... Dormir faz com que o cérebro possa funcionar de novo de maneira ideal, depois de eliminar sua "dívida de sono". Trata-se, portanto, de uma necessidade de regeneração e consolidação mnésica.

Para que serve a vigília?

Provavelmente, uma das funções essenciais da vigília é preparar o sono. Muitas pessoas que dormem mal e ficam obcecadas com o sono se esquecem de que a vigília é o estado no qual elas se preparam para o sono... durante o dia!

Se preciso de menos horas de sono, é porque estou envelhecendo?

O sono se modifica ao longo da vida, em termos de quantidade e qualidade. Assim, é perfeitamente normal não dormir da mesma maneira aos 20 e aos 60 anos de idade. À medida que se envelhece, o sono de ondas lentas ou sono profundo diminui, o sono se torna mais fragmentado e há aumento do tempo de vigília noturna – a quantidade total de sono diminui. Por isso, a profundidade do sono é menor, e é mais fácil acordar por causa de um ruído ou estímulo.

É verdade que as horas de sono antes da meia-noite contam em dobro?

Geralmente, o início da noite se caracteriza pelo sono profundo, cuja função restauradora é bem conhecida. Não há dúvida de que esse sono tem importância especial, e sua ocorrência, de preferência no início da noite, corresponde a um mecanismo biológico. Assim, adiar essa fase do sono para o meio ou o fim da noite pode modificar consideravelmente a organização da noite de sono, levando a uma insuficiência de sono profundo.

Em que posição é aconselhável dormir?

A posição de lado é aconselhável para as pessoas que roncam ou que sofrem da síndrome da apnéia do sono. De fato, a posição de costas para baixo aumenta o risco de apnéias no sono, pois nesse caso a pressão atmosférica se exerce plenamente sobre a base da língua e o véu do palato, favorecendo, assim, o risco de obstrução. Essas pessoas devem tentar dormir de lado, liberando a narina mais permeável, isto é, aquela que respira melhor (uma alternância fisiológica ocorre aproximadamente a cada seis horas entre as narinas). Nas pessoas que sofrem de afecções dolorosas ou cuja mobilidade é reduzida, é aconselhável modificar a posição de sono durante a noite, mudando os pontos de apoio para limitar o risco de anquilose e atritos. A posição de costas para baixo pode ser indicada para algumas pessoas, contanto que usem um travesseiro adequado.

A posição da cama é importante?

O fato de que a posição da cama pode modificar o sono ou o adormecimento não foi comprovado, tanto nas crianças quanto nos adultos. Variações individuais podem ocorrer. Cada um deve definir a posição da cama segundo sua opinião ou impressão subjetiva sobre a maneira de dormir melhor.

Dorme-se melhor sozinho ou com um parceiro?

Pesquisas sérias tentaram responder a essa pergunta. Uma delas examinou 46 casais, de idade entre 23 e 67 anos, durante oito noites consecutivas. O resultado mais surpreendente foi a concordância de movimentos, pois quase um terço dos movimentos era idêntico nos dois parceiros durante a noite. Essa concordância era ainda mais elevada nos parceiros jovens. As mulheres afirmaram com mais freqüência que os homens que a presença de um parceiro as incomodava, mas a maioria dos casais tinha a impressão subjetiva de dormir melhor na presença de um parceiro. Mas essa pesquisa não conseguiu explicar qual o mecanismo que provoca a sincronização dos movimentos corporais entre os casais.

Praticar esporte é uma boa maneira de consolidar o sono?

Nas pessoas que têm dificuldade para adormecer, a prática de uma atividade física moderada ou intensa à noite não é aconselhável. No entanto, de modo geral a prática de atividades físicas faz parte das regras de higiene que favorecem o sono. Até mesmo uma atividade moderada, como caminhar ou andar de bicicleta, pode ser benéfica, pois ajuda a combater o sedentarismo e favorece a exposição à luz do sol.

A quantidade de vigília que precede o sono tem efeito sobre a duração do sono?

Não necessariamente. A duração do sono nem sempre resulta da quantidade de vigília que o antecede. Por outro lado, depois de uma vigília prolongada, a quantidade e amplitude das ondas lentas que compõem o sono profundo aumenta, como se a profundidade e intensidade do sono também aumentassem. Por isso, a função regenerativa não tem relação somente com a duração do sono, mas também, e talvez principalmente, com sua intensidade.

O caso de Jorge, de 44 anos

Desde a idade de 18 anos, Jorge só dorme de cinco a seis horas por noite. Às vezes, dorme apenas quatro horas. Jorge nunca se queixou de seu sono. Ao contrário, ele sente certo orgulho desse tempo roubado à noite e ao sono, que utiliza para trabalhar, escrever e se dedicar à sua paixão, a ornitologia. De dia, Jorge é um funcionário ativo em uma grande empresa de telecomunicações. Seu trabalho exige concentração e atenção, pois ele passa várias horas diante da tela do computador e tem de tomar decisões rápidas e importantes. Apesar desse tempo de sono muito curto, Jorge nunca se queixa de cansaço ou sonolência durante o dia. Ele consegue até mesmo dirigir em percursos de 300 quilômetros sem sentir o menor sinal de cansaço. Geralmente, vai se deitar por volta de 22h30 e acorda espontaneamente às 4h da manhã. Nesse momento, a casa está calma e ele sai da cama com prazer. Nas férias, dorme em média uma hora a mais, e aproveita as primeiras horas do dia para fazer um passeio à beira-mar.

Jorge não entende as pessoas que tomam medicamentos para dormir, ou que ficam se espreguiçando na cama pela manhã. Para ele, o sono não é nem um prazer nem um desprazer. É uma necessidade que lhe permite recuperar a forma física. Jorge não é o único de sua família a dormir tão pouco. Seu avô materno também dormia pouco, e sempre contava que suas noites breves o obrigaram a dormir em um quarto separado um ano depois de seu casamento. Jorge gostaria de registrar seu sono para descobrir o que o torna diferente das pessoas "normais". No entanto, nunca teve a oportunidade de fazê-lo. Seu médico lhe disse que os tempos de sono profundo e sono paradoxal eram sensivelmente idênticos nas pessoas que dormem pouco ou muito. A diferença essencial seria o sono leve, cuja quantidade seria mais reduzida.

Jorge se diz satisfeito de pertencer à população dos que dormem pouco. Ele não deseja mudar seus ritmos de sono, que aprendeu a administrar da melhor maneira ao longo dos anos. Quando era jovem, às vezes tinha problemas. Por exemplo, na época do serviço militar, quando ficava acordado na cama por várias horas de olhos abertos, até que seus colegas de quarto despertassem. Atualmente, ele descobriu um meio de aproveitar esse tempo de grande solidão.

47 Quais são as conseqüências da falta de sono?

As conseqüências da privação prolongada de sono (várias noites em claro) são ao mesmo tempo psicológicas e fisiológicas. A "dívida de sono" acumulada interfere na vigília, nas capacidades de atenção e de concentração. Depois de três noites ou mais sem dormir, pode ocorrer uma alteração dos processos mentais (linguagem incoerente, ilusões e até alucinações), assim como uma alteração dos processos fisiológicos relacionados às funções imunitárias e à temperatura corporal.

O programa da televisão inglesa chamado *Touch the truck* ("Segure o caminhão") ilustra essa situação. Os candidatos têm de conservar a mão sobre um caminhão pelo maior tempo possível para ganhar o veículo. O vencedor da última edição agüentou cerca de 80 horas, com períodos de recuperação de quatro horas por dia. Vários candidatos foram eliminados ao cometerem erros evidentes sob o efeito da falta de sono, por exemplo, retirando a mão do caminhão para esfregar o rosto. Outros foram afastados pela equipe médica, por causa de esgotamento físico (mal-estar) ou reações de agressividade e até de delírio em um dos candidatos.

Aprendendo a dormir mais

A falta crônica de sono provoca sonolência diurna e cansaço, assim como uma coleção de males mais ou menos graves: nervosismo, cansaço, impressão de ter os nervos "à flor da pele", transtornos da memória, dificuldades de concentração, perda de eficácia ou rendimento no trabalho, dificuldades para resolver problemas etc. Só existe uma solução realmente eficaz – dormir mais, aproximando-se do número ideal de horas de sono, que geralmente é de sete a oito horas para um adulto. Para as pessoas com insuficiência crônica de sono, é essencial avaliar sua situação. Um diário de sono preenchido durante dez dias mostra de maneira simples o grau de privação de sono, e facilita o aconselhamento para que essas pessoas durmam mais. Por outro lado, todos nós temos um cronótipo que nos torna pessoas "do dia" ou "da noite". O ideal seria adaptar o horário de trabalho de acordo com nosso cronótipo, elevando assim nosso rendimento durante o dia.

As pessoas que espontaneamente dormem tarde podem antecipar a hora de dormir em dez minutos por dia, durante seis dias. Se necessário, podem estabelecer intervalos de dois a três dias antes da próxima etapa. O horário assim obtido deve ser conservado e reforçado ao longo das semanas seguintes. O tempo de sono de manhã não deve ser excessivo, pois isso poderia agravar a tendência espontânea do atraso da fase.

As pessoas que espontaneamente acordam cedo, ou pessoas "do dia", não devem passar mais tempo na cama de manhã, pois isso contraria seus ritmos biológicos. Assim, é melhor que ganhem tempo de sono à noite, antecipando progressivamente a hora de dormir. Da mesma forma, para as pessoas que precisam acordar cedo de manhã (despertar necessário), é aconselhável antecipar o horário de dormir progressivamente, em etapas de dez minutos, até obter um tempo de sono suficiente. Uma sesta breve, de menos de 15 minutos, também pode ser útil.

O estilo de vida contemporâneo provoca a falta crônica de sono?

Alguns pesquisadores acham que estamos sujeitos a um estilo de vida que deixa cada vez menos espaço para o sono. Realmente, vivemos em uma sociedade na qual o sono tem pouco valor. Muitas vezes, ele é encarado como uma perda de tempo, ou é objeto de um julgamento negativo. A título de exemplo, basta pensar na dificuldade dos adolescentes narcolépticos para que seus sintomas sejam aceitos por colegas e professores...

Quais são os principais transtornos do sono?

A noção de "transtorno" significa que o sono sofreu alteração quanto à qualidade ou quantidade. A quantidade de sono pode ser insuficiente, como na insônia, ou excessiva, como nas hiperssonias. Durante o sono, também podem ocorrer manifestações específicas como as parassonias (sonambulismo, terrores noturnos, pesadelos), ou a alteração dos ritmos de sono e vigília por meio do avanço ou atraso da fase (transtornos do ritmo circadiano).

AS FUNÇÕES DO SONO

48 Quais são as principais funções do sono?

Até hoje não se sabe exatamente para que serve o sono! Acredita-se que ele seja responsável por várias funções essenciais ao organismo, ou que essas funções só possam ocorrer durante o sono. Além das hipóteses ontogenéticas sugeridas por Michel Jouvet, acredita-se que o sono seja necessário para a conservação da energia e a restauração do cérebro e do organismo inteiro. Essa última função costuma ser atribuída ao sono lento e profundo, durante o qual se constatou um aumento da taxa de síntese das proteínas, inclusive do hormônio do crescimento, um aumento da atividade de divisão das células do organismo, uma diminuição da degradação das proteínas e do consumo de oxigênio. Nos adultos, o hormônio do crescimento tem um papel importante nos fenômenos de cicatrização e renovação celular.

Provavelmente, o sono paradoxal interfere na regulação térmica do cérebro, tanto para aquecê-lo quanto para esfriá-lo. Ele também teria uma função essencial na vida psíquica e nos mecanismos de memória e de esquecimento a longo prazo. Outras teorias foram elaboradas sobre o papel desse estado fascinante que é o sono paradoxal. Pesquisadores tão notáveis quanto Kleitman, Aserinski ou Jouvet tentaram desvendar esse mistério. Antes deles, Freud chamou a atenção para a atividade onírica do cérebro e a importância da análise do conteúdo dos sonhos, do ponto de vista da psicologia. Sem dúvida, é preciso esperar por novos pesquisadores ou novas disciplinas para responder às perguntas suscitadas pelos mecanismos de ação e regeneração de um órgão tão complexo quanto o cérebro humano.

Afinal de contas, para que serve o sono?

As funções do sono ainda não foram totalmente esclarecidas. A mais evidente, e que qualquer pessoa pode constatar, é a função restauradora. Mas nem por isso os pesquisadores estão de acordo sobre o tipo de restauração que o sono proporciona. Seguem as principais hipóteses:

- Restauração do organismo inteiro

Segundo esta hipótese, o sono faz com que o organismo possa se reconstituir. É durante o sono profundo que a síntese de várias proteínas se acelera. Essas proteínas seriam utilizadas durante o sono paradoxal para "manter" ou "expandir" redes de neurônios e conexões neuronais (consolidação da memória). O ritmo de fabricação de alguns hormônios segue os ritmos do sono. É o caso de substâncias como a renina (segregada pelos rins, e cuja importância é conhecida na regulação da pressão arterial) e dos hormônios fabricados no cérebro, como a melatonina ou o hormônio de crescimento. Já foi demonstrado o papel fundamental do hormônio do crescimento para o desenvolvimento das crianças e para a cicatrização e renovação celular dos adultos. A cortisona, por sua vez, apresenta um ritmo de secreção inverso ao do sono, e tem função estimulante bem conhecida (hormônio do estresse).

■ Restauração exclusivamente cerebral

Segundo esta hipótese, só o cérebro se regenera durante o sono. Ela se baseia em várias constatações, como a de que as privações prolongadas de sono (de quatro a seis noites) têm pouca repercussão sobre o organismo, enquanto seus efeitos sobre as funções cerebrais são imediatamente perceptíveis, sobretudo no nível das funções complexas (raciocínio, tomada de decisões, atenção). Quando a privação de sono é prolongada, sintomas mais graves podem se manifestar, afetando a linguagem, a memória e o humor, e dando a impressão de transtornos psiquiátricos. Assim, estes argumentos sugerem uma restauração sobretudo cerebral, embora não tenha sido demonstrado que a privação prolongada de sono não afete o organismo como um todo.

■ Conservação da energia

Outra hipótese sedutora é a do papel do sono na conservação da energia do organismo. O desperdício de energia durante o dia deve ser equilibrado no período de restauração. Durante a noite, constatou-se uma diminuição da atividade metabólica de 5% a 25% em relação à atividade diurna. Com efeito, o sono permite economizar energia graças à diminuição de certas atividades fisiológicas muito desgastantes, como o consumo de oxigênio, o tônus muscular, a freqüência respiratória ou o ritmo cardíaco. A temperatura do corpo também cai durante as primeiras horas da noite.

Aprendizado e consolidação da memória

Provavelmente, o sono de ondas lentas e o sono paradoxal têm importância complementar e essencial para a consolidação da memória e a fixação de aprendizados. O sono de ondas lentas seria necessário para a consolidação imediata de informações com conteúdo emocionalmente neutro, enquanto o sono paradoxal estaria implicado na consolidação de aprendizados incomuns ou estressantes.

Programação dos comportamentos

Segundo a teoria de Michel Jouvet, o sono paradoxal interfere na programação dos comportamentos e na programação genética da espécie. Um gato repete, ao dormir, os comportamentos que ele precisa utilizar nos períodos de vigília. Esses comportamentos, mesmo complexos, estão presentes muito cedo no animal recém-nascido, e são específicos da espécie. O sono paradoxal também permitiria a execução de alguns comportamentos inatos, geneticamente programados.

É possível descobrir o que o paciente sonha por meio do registro do sono?

Infelizmente não, ou talvez felizmente! A neurofisiologia não pode fornecer uma resposta direta a essa pergunta. O registro do sono identifica as fases nas quais a probabilidade dos sonhos é maior (sono paradoxal). Só é possível obter um relato do sonho acordando o paciente.

A duração do sono tem relação com a quantidade de vigília?

A quantidade de sono nem sempre é proporcional à vigília que o antecede. No entanto, parece que a duração do sono de ondas lentas é proporcional ao período de vigília do dia anterior. Por outro lado, não é possível "acumular" sono para criar uma "reserva" no organismo.

Na década de 1980, alguns pesquisadores propuseram um modelo homeostático do sono. Segundo esse modelo, um ou mais fatores desconhecidos, chamados "fatores S", se acumulam durante a vigília. Esses "fatores S", que em seguida são degradados ou eliminados durante o sono, podem ser avaliados por meio do cálculo da quantidade de ondas delta do sono de ondas lentas ou sono profundo. A necessidade maior ou menor de sono resultaria da acumulação desses fatores. Acredita-se que substâncias como a serotonina ou a adenosina são alguns dos fatores implicados.

Por outro lado, dormir pressupõe a interrupção da vigília. Para esse fim, moléculas como o GABA intervêm nos sistemas de vigília para interromper sua atividade. Em alguns casos de insônia, são os sistemas de vigília (ativação, bloqueio) que interferem, não os sistemas de sono.

O cérebro de uma pessoa que dorme reage a informações simples e estímulos auditivos?

Sim. Pesquisas demonstraram que, durante o sono, o cérebro reage de maneira diferente à presença de sons conhecidos (voz familiar, nome da pessoa que está dormindo), em comparação com sons desconhecidos ou que tenham conotação neutra.

Então, o que se pode fazer para aperfeiçoar o sono?

Esse problema é comum a todas as pessoas que dependem de um desempenho de alto nível, como atletas velocistas, ciclistas, tenistas, navegadores etc. Para chegar ao dia da competição depois da melhor noite de sono possível, a pessoa tem de conhecer sua fisiologia, seu ritmo biológico próprio e a melhor maneira de administrar seu estresse. É impossível dormir "por encomenda", mas os conhecimentos atuais sobre a fisiologia do sono permitem avançar na compreensão desses problemas. Sabe-se, por exemplo, que uma sesta de 15 minutos tem função restauradora e é útil em programas de recuperação e administração do estresse.

Nas experiências de isolamento temporal, como o sono se adapta?

As experiências de isolamento temporal (pessoas isoladas em uma gruta, por exemplo) ajudaram a entender a importância dos sincronizadores externos para o "relógio biológico". Esses "marcadores do tempo" têm função permanente e regulam diariamente o "relógio" que governa nossos ritmos, situado no interior do cérebro, no hipotálamo. Quando os sincronizadores externos (luz, temperatura, refeições, contatos sociais, alternância dia/noite) estão ausentes, a pessoa em isolamento temporal perde rapidamente os pontos de referência para avaliar seu próprio ritmo interno. Segundo algumas pesquisas, esse ritmo espontâneo não é de 24 horas, e sim de 24,5 horas. Em alguns dias, a pessoa perde o contato com o mundo exterior, tanto do ponto de vista social quanto no plano dos biorritmos.

A SESTA

49 Fazer a sesta é um luxo ou uma necessidade?

Para boa parte das pessoas, fazer a sesta é um verdadeiro prazer que convém preservar. Os terapeutas dedicados ao tratamento da insônia sabem que é fundamental fazer com que as pessoas que sofrem de insônia recuperem o prazer de dormir.

Para alguns, a sesta é um momento privilegiado que nem sempre corresponde a uma necessidade fisiológica, e, sim, a um conforto ou fator de qualidade de vida. Mas a necessidade de fazer uma sesta também pode significar que existe um "dívida de sono" e o organismo precisa dormir. Quando esta necessidade é diária, acompanhada de sonolência diurna, ou quando o efeito da sesta não é restaurador, pode tratar-se de uma sonolência excessiva que exigiria cuidados médicos.

Qual a duração ideal de uma sesta?

Pesquisas demonstraram que as sestas breves, de no máximo 15 minutos, têm efeito benéfico sobre a qualidade da vigília e diminuem a sonolência diurna. Por outro lado, sestas mais longas não parecem oferecer vantagens. Ao contrário! Sestas muito prolongadas podem ter efeito prejudicial, levando a um despertar confuso ou desagradável, com repercussões no humor (irritabilidade).

Fazer uma sesta impede de adormecer facilmente à noite?

Geralmente, a sesta não é aconselhável para pessoas que sofram de insônia ou dificuldades de adormecimento. O objetivo principal é ajudá-las a reconsolidar o período de sono noturno. Dormir durante o dia diminui a "dívida de sono" e poderia agravar as dificuldades preexistentes. No entanto, sestas breves (de 15 a 30 minutos) podem ser autorizadas no contexto de terapias comportamentais da insônia, ou de técnicas que visam a reduzir o tempo que se passa na cama.

Os "microssonos" ou "sonos-relâmpago" podem ser benéficos?

Sestas muito breves, de alguns minutos, podem ter efeito restaurador sobre a vigília. Em algumas situações extremas (no caso de navegadores solitários, por exemplo), episódios curtos de sono podem irromper no campo de consciência do indivíduo, que tem a sensação de sonhar quando na verdade está acordado. Com efeito, os "sonos-relâmpago" podem conter sono paradoxal, e, portanto, imagens de sonho (alucinações). Esses episódios são muito perigosos quando ocorrem em pessoas que estão dirigindo (risco de acidentes) ou em uma situação que exige a máxima acuidade (trabalho com movimentos seriados). São, portanto, um sinal de alerta que deve levar à interrupção imediata de qualquer atividade.

O caso de João, de 45 anos

João é um homem estressado porque exerce uma profissão difícil. Ele trabalha em uma grande empresa e precisa apresentar um rendimento elevado. Tem de cumprir seus objetivos, caso contrário perderia o emprego rapidamente. Seu ritmo de vida, segundo seus amigos, é "infernal". Ele come depressa, dorme pouco, corre para lá e para cá, fuma bastante, está sujeito a agressões permanentes no escritório, no telefone e no carro. Nos fins de semana, consegue correr dez quilômetros antes de visitar os pais, que sofrem de problemas de saúde. De dois anos para cá, sente-se muito cansado, a ponto de quase adormecer durante uma reunião à tarde, ou quando trabalha no computador. Essa sonolência é especialmente incômoda depois de almoçar. João tentou diminuir o consumo de gorduras no almoço. Evita pratos pesados e bebidas alcoólicas. No entanto, o problema continuou. Certa vez, ele quase adormeceu ao volante, acompanhando um cliente depois do almoço. Sente-se melhor à tarde, mas os momentos no meio da manhã também são difíceis, com falta de concentração e sonolência.

João dorme muito pouco à noite. Vai para a cama por volta de 1h da manhã, pois sente-se em forma à noite. Às vezes, ele sai ou vai jogar *squash* com os amigos. Adormece sem problemas, mas sente que seu sono não restaura as energias. Acorda cansado e com a sensação de que deveria dormir duas horas a mais. Seu trabalho e seu ritmo de vida o impedem de repor essas duas horas. Nos fins de semana, João gosta de fazer uma sesta de 15 a 30 minutos, depois da qual ele se sente em forma "como um rapaz". No escritório, já pensou em fazer uma sesta para relaxar, mas sua secretária ou seus colegas poderiam surpreendê-lo. Ele tem vergonha dessa idéia, e prefere fumar um cigarro deixando a janela aberta.

No entanto, em uma ou duas ocasiões sentiu um sono irresistível e cochilou alguns minutos com a cabeça nos braços, em sua mesa de trabalho. Acordou sentindo-se melhor, depois de um sono-relâmpago de apenas alguns minutos. Nesse dia, ele agiu com mais dinamismo e respondeu melhor ao estresse dos compromissos da tarde. Desde então, João tenta reservar alguns instantes de sono no início da tarde. Sente-se menos culpado, pois sabe que o tempo de sono é restaurador e lhe permite recuperar uma parte da "dívida de sono". A empresa não está acostumada a ver seus empregados dormindo, por isso, ele faz uma sesta de dez minutos no carro, antes de subir para o escritório à tarde. Atualmente, costuma recomendar essa "sesta de estacionamento", como ele diz, para seus amigos e alguns colegas de escritório que, como ele, têm dificuldade para enfrentar o cansaço e o estresse.

SONO E BELEZA

50 Dormir bem é uma garantia de beleza e bem-estar para o corpo?

Durante o sono, o corpo se regenera, ocorrendo a síntese de proteínas, e o cansaço acumulado durante o dia desaparece. O rosto e o corpo recuperam o frescor. Algumas pessoas se queixam de dormir mal quando descobrem vestígios disso no próprio rosto. As olheiras, os olhos fundos significam uma noite ruim ou um sono perturbado? É verdade que a drenagem linfática e a circulação sangüínea diminuem durante o sono e são alteradas pelo estado de repouso dos músculos e pela posição horizontal. Isso explica o surgimento dessas bolsas (marcas, nódoas) pouco atraentes na manhã seguinte, mas a relação com a insônia não foi comprovada. Seja como for, as técnicas de massagem e drenagem linfática podem atenuar o problema.

Qual a influência do ambiente na qualidade do sono?

O quarto é um local muito importante para isso e precisa evocar o prazer de dormir. Nada deve ser deixado ao acaso – nem a roupa de cama, nem a decoração, nem as cores, nem mesmo o cheiro. O ambiente tem de ser concebido para acalmar o estresse do dia e favorecer a descontração e o relaxamento, para que o sono seja confortável. Limite a quantidade de móveis no quarto e os objetos que possam atrair ou provocar pensamentos. Os livros, revistas e objetos de trabalho podem esperar do lado de fora. Tente criar um espaço de bem-estar que prepare o corpo e o cérebro para o sono. Verifique se o quarto tem boa alternância entre luz e escuridão, que permita entrar a luz de manhã e preservar a escuridão à noite.

SONO E ALIMENTAÇÃO

51 Alguns alimentos favorecem o sono?

Sim, os que são naturalmente ricos em triptofano (TRF), um aminoácido precursor da serotonina. Alguns alimentos como o leite e a banana contêm bastante TRF e podem ser indicados à noite antes de dormir. Alimentos gelados (sorvete, gelatina etc.) também são recomendáveis, por causa de seu efeito de resfriamento que favorece a queda de temperatura necessária para o adormecimento.

Porém, de modo geral, as refeições ou ceias à noite não são aconselháveis, pois podem condicionar o despertar noturno com o desejo de comer ou sensação de fome.

Deve-se evitar uma refeição muito pesada antes de ir para a cama?

Sim, sobretudo quando é rica em gorduras, pois nesse caso a digestão vai exigir um grande consumo de energia. Esse investimento de energia por parte do organismo prejudica o sono, principalmente se a refeição for acompanhada de bebida alcoólica.

52 Tomar um pouco de bebida alcoólica antes de dormir ajuda a adormecer?

Algumas pessoas têm o hábito de consumir um pouco de álcool antes de dormir, por causa das suas propriedades sedativas que facilitam o sono. Se é verdade que o álcool reduz o prazo de adormecimento em algumas pessoas que sofrem de insônia, seus efeitos sobre a qualidade do sono são desastrosos. Ele modifica, mesmo em doses mínimas, a arquitetura do sono, diminui o sono profundo, aumenta a freqüência do despertar noturno e a ocorrência de apnéias e roncos. Por isso, é melhor evitar o consumo de álcool à noite, a fim de otimizar o sono.

53 É preciso evitar o café antes de dormir?

Em princípio, o café não é aconselhável para pessoas que dormem mal. Mas essa recomendação não vale sempre, pois existe uma sensibilidade individual à cafeína. Algumas pessoas que dormem bem são sensíveis ao café, enquanto outras não manifestam qualquer problema.

A dose de cafeína ingerida (conforme o número de xícaras e da concentração do café) também é um dado importante. Outro parâmetro é a duração do efeito da cafeína, sobretudo o tempo de que a substância precisa para atingir a concentração máxima no sangue depois da ingestão. É costume dizer que a sobrevida da cafeína é de cinco horas. Assim, tomar café à noite seria menos prejudicial que à tarde. Não se conhece exatamente o efeito da abstinência de cafeína nas pessoas que tomam muito café. Em alguns consumidores inveterados (mais de 20 xícaras por dia), constatou-se um efeito paradoxal de sonolência diurna.

É possível comer durante o sono?

Sim, às vezes. Alguns sonâmbulos se dirigem sistematicamente à cozinha durante um acesso, e na manhã seguinte não guardam nenhuma lembrança de terem esvaziado a geladeira. O único vestígio são as migalhas deixadas na mesa...

É possível adormecer durante a refeição?

No caso de doenças que prejudicam gravemente a vigília (narcolepsia), as pessoas afetadas podem sofrer um acesso de sono durante a refeição. Mas isso pode ocorrer também na síndrome de apnéia obstrutiva do sono.

Algumas pessoas sofrem de "bulimia do sono"?

O comportamento das pessoas que encaram o sono como uma espécie de fuga pode ser comparado ao comportamento da bulimia, ou apetite insaciável. Nos dois casos, uma função fisiológica se torna excessiva, até se apoderar quase totalmente da vida psíquica ou emocional. O extremo oposto dessa afecção seria reprimir um comportamento, que poderia ser tanto o da alimentação quanto o do sono, levando ao que se poderia chamar de "anorexia do sono".

54 Quais são os efeitos das plantas e outras substâncias naturais sobre o sono?

Algumas plantas são utilizadas por pessoas que têm dificuldade para dormir, por causa de suas propriedades hipnóticas e sedativas. A valeriana (*Valeriana officinalis*) costuma ser usada no tratamento natural da insônia, embora sua eficácia não tenha sido totalmente comprovada. Outras substâncias, como a ginkgoácea (*Ginkgo biloba*), podem ser propostas para aliviar os transtornos decorrentes da insônia, como as deficiências de atenção, memória ou concentração.

As tisanas e chás de ervas também podem facilitar o adormecimento, assim como a camomila, a melatonina, a 5-hidroxitriptamina, a gatária (erva-dos-gatos), a *Gotu Kola*, a *Skullcap*, o L-triptofano ou ainda o extrato de maracujá...

No entanto, existem poucas pesquisas científicas a respeito dessas substâncias e não se pode garantir sua eficácia, sobretudo a longo prazo. Elas podem representar uma alternativa ou um complemento útil para os medicamentos clássicos. No entanto, não estão totalmente livres de efeitos colaterais, pois são complexas do ponto de vista químico. A composição exata dos preparados que as contêm nem sempre é padronizada e deve ser verificada pelo farmacêutico.

Das plantas de sono apresentadas a seguir, algumas delas são facilmente encontradas na França, mas não no Brasil. Todas as utilizações medicinais das plantas são fornecidas em caráter informativo. Qualquer sintoma que exija cuidados de saúde deve ser informado a um médico qualificado. Evite a automedicação.

As plantas do sono

Pilriteiro (*Crataegus oxyacantha*). Originário da Europa central, o pilriteiro é muito abundante em estado selvagem na França. Age sobre o sistema circulatório, aumentando o fluxo coronariano (prevenção da angina de peito), com efeito hipotensor. A sinergia desses vários componentes lhe confere uma atividade sedativa do sistema nervoso central. É utilizado como sedativo em forma de extrato aquoso. Essa planta deve ser usada com precaução, pois doses muito fortes provocam transtornos cardiovasculares (bradicardia e hipotensão). Indicações: nervosismo, ansiedade, transtornos do sono. Associações recomendadas: passiflora (maracujá), valeriana.

Fel-da-terra (*Fumaria officinalis*), também chamada erva-moleirinha ou fumária. Originário da Europa, o fel-da-terra é uma planta pouco conhecida, cujas partes aéreas floridas têm efeito anfocolérico (regulação das funções hepáticas e da secreção biliar). Além disso, acredita-se que tenha propriedades sedativas e diuréticas. Indicações: constipação e nervosismo, ansiedade e insônia.

Lúpulo (*Humulus lupulus*). Introduzido na Europa no século XIII, o lúpulo tem inflorescências eficazes sobretudo nos casos de insônia (havia um costume tradicional de rechear os travesseiros com cones de lúpulo para favorecer o sono). Ele também é conhecido por seu teor de princípios hormonais vegetais. Indicado contra as manifestações dolorosas da menstruação, transtornos nervosos da menopausa e fadigas nervosas que causam insônias. Indicações:

nervosismo, insônia (leve efeito hipnótico). Associações recomendadas: valeriana, melissa.

Melissa (*Melissa*), também chamada citronela. Originária do sul da Europa, é encontrada atualmente em todas as partes do mundo. O nome dessa planta provém de uma palavra grega que significa "folha de abelha", o que não deixa de ser uma associação feliz, pois essa planta possui as mesmas propriedades tônicas e curativas do mel e da geléia real. Para fins medicinais, utilizam-se as flores, os talos e as folhas. Indicações: emotividade, palpitações cardíacas de origem nervosa, estresse.

Passiflora (*Passiflora incarnata*), também chamada flor de maracujá. Origem: sul dos Estados Unidos e América do Sul. O nome "passiflora" (flor da paixão) provém de seu aspecto, que evoca a paixão do Cristo pela forma da flor e suas cores. São os teores elevados de flavonóides e alcalóides, concentrados na parte aérea, que lhe conferem sua atividade benéfica contra os transtornos do sono. Ela pode ser utilizada em substituição aos hipnóticos clássicos, com a condição de respeitar, para estes últimos, um período de abstinência. Indicações tradicionais: nervosismo, angústia, estresse, insônias (evita o despertar noturno).

Papoula-da-califórnia (*Escholtzia calif*), também chamada escholtzia. Utiliza-se a parte aérea florida dessa planta originária da Califórnia. Recentemente, vários trabalhos científicos demonstraram a presença nessa planta de um hipnótico natural, a californidina (família dos alcalóides), que favorece a qualidade do sono na fase de adormecimento, mas também previne o despertar noturno e os pesadelos. Livre de toxicidade, a escholtzia não tem efeitos colaterais, especialmente no momento do despertar. Um sedativo, hipnótico e ansiolítico natural, essa planta pode perfeitamente substituir os hipnóticos correntes sem criar hábito. Também é antiespasmódica (age contra as dores e os espasmos intestinais). Indicações: insônias, ataques de pânico noturno, nervosismo. Freqüentemente associada a outras plantas sedativas.

Valeriana (*Valeriana officinalis*). Originária da Europa, a valeriana é conhecida desde o século XVIII por suas propriedades sedativas e calmantes, do tipo ansiolítico. Sua atividade hipnótica e seus efeitos benéficos contra a ansiedade e a angústia se devem a um óleo essencial e a certos ésteres de propriedades neurossedativas, os valepotriatas. Por esse motivo, é uma planta indicada para os casos de insônia resultante de esgotamento nervoso e intelectual. Não cria hábito nem provoca sonolência durante o dia, diminui o tempo de adormecimento e limita os episódios de despertar noturno. Os efeitos se manifestam depois de duas semanas de tratamento. É contra-indicada para as crianças com menos de três anos. Indicações: insônias resultantes do estresse, ansiedade. Associações recomendadas: pilriteiro, escholtzia.

SONO E SEXUALIDADE

55 As massagens antes de dormir favorecem o sono?

A hora de dormir é um momento que favorece naturalmente a intimidade do casal. Relaxar em conjunto, reaprender as sensações de seu corpo pela massagem do parceiro ou parceira ajudam a criar uma distensão muscular e um estado de repouso físico e mental que favorecem o sono.

O fato de manter relações sexuais torna o sono melhor?

O ato de fazer amor envolve vários processos fisiológicos cujo estudo "em laboratório" nem sempre é fácil. Aparentemente, os homens têm mais facilidade que as mulheres para adormecer depois do ato sexual. No entanto, as pesquisas a esse respeito ainda são poucas.

É normal ter ereções durante o sono?

É totalmente normal. A ereção se produz fisiologicamente nos homens várias vezes por noite, durante cada fase de sono paradoxal. Nas mulheres, uma ereção clitoridiana associada à vasodilatação vaginal ocorre durante o sono paradoxal. Nos homens, é possível medir a ereção por meio de um pletismógrafo. Esse teste é realizado para o diagnóstico da impotência sexual e permite saber se as causas são do tipo psicológico ou orgânico. Aliás, pesquisadores que estudam o sono dos animais em liberdade se baseiam na ereção para determinar os períodos de sono paradoxal nos machos.

56 É normal ter sonhos eróticos?

Claro! Os conteúdos eróticos são freqüentes durante os sonhos. Por outro lado, geralmente é difícil registrá-los, pois as pessoas despertadas durante uma fase de sono paradoxal, nas pesquisas realizadas em laboratórios de sono, costumam censurar, conscientemente ou não, o conteúdo de seus sonhos. Para os psicanalistas, o estudo dos mecanismos que levam a essa censura é especialmente significativo.

Depois que comecei a usar a máscara para dormir (CPAP), corrigi minhas apnéias e recuperei o desejo sexual...

Geralmente, a vida sexual das pessoas apnéicas é prejudicada. O ronco perturba a vida do casal, que, às vezes, já dorme em quartos separados há algum tempo. Os protetores auditivos nem sempre são suficientes para que o parceiro ou parceira consiga adormecer em meio aos roncos e retomadas inspiratórias. Sabe-se que intensidades sonoras superiores a 60 dB são suficientes para fragmentar o sono da própria pessoa afetada e das pessoas próximas.

Por outro lado, a síndrome da apnéia do sono modifica a libido e o apetite sexual, talvez até a própria função sexual. Vários pacientes apnéicos se queixam de impotência ou dificuldades não apenas devidas ao excesso de peso, mas às prováveis conseqüências das próprias apnéias. Por isso, o tratamento das apnéias do sono contribui para recuperar uma vida sexual satisfatória, apesar do aparelho – é que usar uma máscara dessas durante toda a noite não deve ser lá algo muito erótico...

SONO E GRAVIDEZ

57 Quais são os transtornos do sono mais freqüentes durante a gravidez?

A insônia é o transtorno mais freqüente. Ela se deve principalmente às modificações hormonais e, no final da gravidez, ao desconforto físico.

As mudanças hormonais dos primeiros meses e, sobretudo, a secreção de progesterona modificam a qualidade e a quantidade de sono. Assim, a insônia pode surgir desde o início da gravidez, agravada pelo mal-estar das náuseas, por vômitos eventuais e um possível ardor estomacal. Essas insônias acarretam dificuldade para adormecer ou uma freqüência incomum do despertar noturno.

Assim que eu me deito para descansar, ele começa a se mexer...

Muitas vezes, esse é o momento escolhido pelo futuro bebê para entrar num período de atividade. O relaxamento dos músculos da parede abdominal e a posição de costas para baixo aumentam o espaço de que ele dispõe. A criança aproveita para mudar de posição ou para dar "pontapés", que são um indício de vitalidade.

No final de minha gravidez, eu dormia muito mal...

De fato, o final da gravidez pode ser marcado por transtornos acentuados do sono, já que o estorvo e o desconforto físico provocados pelo tamanho do bebê impedem a futura mamãe de encontrar uma posição confortável. Pode ocorrer também uma insônia do adormecimento, ou, ainda, um despertar matinal, por volta de 5h da manhã, no momento de uma retomada da atividade do bebê. Quanto à posição prolongada de costas para baixo, pode causar dores dorsolombares que se explicam pela falta de oxigenação, em decorrência da compressão da veia cava. Essas dores podem ser aliviadas criando-se um apoio lombar com travesseiros adequados.

Muitas vezes, as cãibras nas pernas também causam o despertar durante o último trimestre da gravidez, assim como a necessidade de urinar. A sonolência durante o dia é maior no final da gravidez. A quantidade de sestas da futura mamãe pode então aumentar.

Por outro lado, os transtornos do sono são maiores em mulheres que estão grávidas pela primeira vez.

58 A gravidez pode favorecer o ronco ou as apnéias?

Recentemente, constatou-se que o risco de apnéias durante o sono pode ser maior nas gestantes. Esse risco poderia ter relação com algumas complicações sérias da gravidez, como a hipertensão arterial chamada "gravídica".

59 É possível tomar medicamentos para dormir melhor durante a gravidez?

De modo geral, o uso de hipnóticos e medicamentos é contraindicado ao longo da gravidez, por causa do eventual efeito dessas substâncias nas estruturas do feto em desenvolvimento, especialmente em seu sistema nervoso. Em alguns casos muito específicos e sob estrito controle médico, o clínico-geral ou o ginecologista-obstetra podem recomendar um tratamento.

Por outro lado, as abordagens terapêuticas não-medicamentosas da insônia podem ser indicadas. Em especial, as técnicas comportamentais costumam dar bons resultados. A fototerapia também pode ser útil e não representa perigo para o feto.

Como o feto dorme?

O feto passa grande parte de seu tempo dormindo. A atividade elétrica de seu cérebro pode ser detectada a partir de 36 semanas de gestação. O estado de sono paradoxal predomina antes do nascimento. As crianças prematuras, nascidas antes de 36 semanas, têm mais sono paradoxal e menos sono de ondas lentas que as crianças nascidas no prazo normal. Estas apresentam ao nascer, aproximadamente, a mesma quantidade de sono paradoxal e não-paradoxal.

O que ocorre com o sono de crianças gêmeas?

Pesquisas referentes ao sono de irmãos gêmeos demonstraram que as quantidades de sono, sobretudo de sono de ondas lentas (estágios 2, 3 e 4), eram, com toda a probabilidade, determinadas geneticamente. Mas é claro que os fatores externos também influenciam a duração e os ritmos de sono/vigília de irmãos gêmeos.

Os gêmeos têm capacidades excepcionais, desenvolvidas durante a vida intra-uterina, de interagir um com o outro e regular certo número de atividades fisiológicas, como tocar-se, entrar em contato um com o outro, dar-se as mãos, abraçar-se, chupar o polegar, sorrir, despertar ao mesmo tempo. Baseando-se nessas constatações, alguns médicos e puericultoras aconselham os pais a deixar que os recém-nascidos gêmeos durmam no mesmo berço, ou no mesmo ambiente de sono, para permitir uma adaptação mais eficaz à vida extra-uterina.

SONO E MATERNIDADE

60 É normal dormir mal depois do parto?

Muitas vezes, o sono é prejudicado nos primeiros dias ou semanas depois do parto (o período do pós-parto ou puerpério). As razões dessa perturbação são muitas: desconforto causado por fatores físicos como a tensão vesical (desejo freqüente de urinar), incômodo causado por uma episiotomia, fatores psicológicos (ansiedade, excitação, emoção). A "dívida de sono" acumulada antes do nascimento, as alterações hormonais, o uso eventual de medicamentos são fatores agravantes. Em primeiro plano, é claro que existe a necessidade de cuidar da criança e o problema da alimentação noturna, sobretudo para as mães que vão amamentar. Pode-se mencionar ainda o ambiente da clínica ou maternidade que, por causa de seus próprios ritmos noturnos, nem sempre propicia às mães a continuidade do sono. Às vezes, o retorno precoce para casa (antes de três dias) é tão eficaz para o repouso quanto a estadia prolongada na maternidade.

61 O que significa "baby blues"?

É um sentimento de melancolia, pessimismo, desinteresse pelas pessoas próximas e, às vezes, até pela criança recém-nascida, ou, ainda, um sentimento de culpa experimentado por algumas mães nos primeiros dias ou semanas depois do parto. Esse estado pode durar vários dias e é comparável a uma reação depressiva breve. O sono é afetado como num episódio depressivo (ver pergunta n° 74, p. 223). Idéias de incapacidade com relação ao bebê, como a de não conseguir cuidar dele, alimentá-lo, ser uma boa mãe etc. podem perturbar, quase sempre de maneira passageira, a relação entre a mãe e a criança. Em geral, esse estado não exige tratamento e desaparece espontaneamente em alguns dias ou semanas.

O caso de Laura, de 24 anos

Laura deu à luz há 11 meses. Seu bebê Tibério, como o pediatra afirma a cada consulta, goza de ótima saúde. No entanto, as noites de Tibério foram difíceis no início. Laura, que já se sentia cansada por causa das insônias do final da gravidez, encarou as primeiras semanas de vida do bebê com muita angústia e medo de não conseguir enfrentá-las, sobretudo à noite. Durante quatro meses, ela amamentou Tibério várias vezes por noite. A cada choro, a cada grito, ela adquiriu o hábito de se levantar imediatamente e pegar a criança nos braços. Foi difícil acostumar o bebê a ficar sem a mãe durante a noite, mas isso aconteceu no quinto mês graças às mamadeiras de substituição, cheias de água e, às vezes, de leite. De um mês para cá, Tibério exige menos a presença da mãe, chamando-a uma ou duas vezes por noite. Às vezes, ele dorme a noite inteira sem que a mãe precise se levantar. Laura, no entanto, continua a acordar exatamente como se Tibério chorasse à noite. Mesmo quando o bebê está quieto, ela acorda e fica à espreita. Quando não ouve gritos, pensa imediatamente que alguma coisa aconteceu ao bebê, embora saiba que isso é pouco provável. Geralmente, Laura não consegue se acalmar enquanto não vai verificar se Tibério está bem. Ela tem cada vez mais dificuldade para voltar a dormir depois de ver Tibério. Recentemente, levou o bebê para o quarto dos pais, pensando que seria mais fácil vigiá-lo, mas Tibério acordava seu pai, que normalmente não o escuta. Sem saber o que fazer, Laura decidiu dormir sobre um colchão no quarto de Tibério, para não ter que se levantar mais. Isso tampouco resolveu o problema, pois ela continuou a acordar em horários fixos, várias vezes por noite. Há pouco tempo, Tibério foi passar um fim de semana na casa dos avós. Laura constatou que, mesmo na ausência de seu filho, continuava acordando nos mesmos horários e com a mesma dificuldade para voltar a dormir.

A "insônia materna condicionada" ocorre em mulheres que geralmente nunca sentiram dificuldade para dormir antes de dar à luz. A exposição diária aos gritos do bebê provoca uma alteração no sono da mãe, que depois de algumas semanas começa a sofrer de despertares condicionados. Mesmo quando o estímulo não está mais presente (ausência de gritos ou ausência da própria criança), o despertar continua e a insônia pode evoluir por conta própria, tornando-se uma insônia crônica.

Provavelmente, isso poderia ter sido evitado se, desde cedo, Laura limitasse suas "visitas" à noite para ver Tibério. O bebê não apresentava nenhum risco médico que justificasse as atitudes da mãe. Se Laura tivesse sido aconselhada a limitar antecipadamente suas intervenções, para assim ficar menos exposta ao choro durante a noite, isso teria ajudado a diminuir o risco dela desenvolver esse tipo de insônia. Agora, Laura vai seguir um tratamento com um especialista, que, no início, vai tratar seu problema de sono com hipnóticos e, em seguida, com uma terapia do tipo comportamental.

Finalmente a criança nasceu, mas o sono não voltou ao normal! O que fazer? Como evitar que a insônia da mãe se prolongue nos primeiros meses de vida do bebê?

O período que se segue ao parto e à volta do bebê para casa costuma ser difícil, do ponto de vista da recuperação física e do sono. Mesmo quando a mãe sente necessidade de descansar, repor as energias e dormir, suas noites são perturbadas pelo choro e pelo despertar do bebê. É preciso organizar um tempo de sono suficiente para a mãe, para que ela consiga atender da melhor maneira às solicitações da criança. "Da melhor maneira", mas sem exagero, preservando suas próprias energias e evitando condicionar a criança com a presença de um adulto, sempre que ela chora ou acorda durante a noite.

A insônia materna transitória condicionada

Essa forma de insônia ocorre quando um dos pais – geralmente a mãe – acorda durante a noite, antecipando o choro do bebê. É o caso das mães que, expostas por muito tempo aos gritos e ao choro noturno de seus filhos, se acostumam a sair imediatamente da cama para ver o bebê. Depois de algum tempo, o despertar começa a ocorrer espontaneamente, antes que a criança se manifeste. Na maioria dos casos, o despertar é carregado de ansiedade. Quando a criança chama, a mãe pode pensar que ela sente dores ou está sofrendo algum tipo de desconforto. Quando ela não chama, isso pode significar que alguma coisa está errada, e é preciso verificar se a criança está respirando bem e não corre perigo. Assim, o sono dessas mães é muito perturbado, com risco de transição para uma insônia durável. Em alguns casos, é necessário tratar esse tipo de insônia o mais cedo possível, antes que ela se torne crônica.

TRANSTORNOS COM SONOLÊNCIA EXCESSIVA DIURNA

62 Cada vez com mais freqüência, adormeço em uma reunião de trabalho, em um espetáculo ou ao volante. É uma doença? Qual o melhor tratamento?

Você sofre de sonolência excessiva diurna. É a sensação de não conseguir manter um nível de vigília satisfatório em circunstâncias nas quais ele seria necessário. A sonolência é um processo biológico que qualquer pessoa pode sentir depois de uma noite curta demais ou uma refeição pesada, com consumo de bebida alcoólica.

Em alguns casos, fala-se em sonolência excessiva. Essa sensação é experimentada desde o despertar matinal e ao longo de todo o dia. Pode até persistir depois de uma sesta ou um período de repouso, de tal forma que a pessoa nunca se sente em forma. A causa mais freqüente do transtorno é a falta crônica de sono.

Algumas doenças também podem causar a sonolência excessiva, e exigem portanto um tratamento específico. Geralmente, trata-se da síndrome da apnéia obstrutiva do sono, às vezes, de doenças mais raras como a narcolepsia ou a hiperssonia idiopática, causadas por uma deficiência primária dos mecanismos de vigília. Alguns transtornos de origem psíquica, como a depressão, podem ser acompanhados de sonolência durante o dia, um tempo maior de sono a cada 24 horas ou o desejo de se deitar e ficar na cama (fenômeno também chamado "clinofilia").

Portanto, a sonolência não é uma doença específica, pois pode estar presente em vários transtornos do sono ou decorrer simplesmente da falta de tempo de sono.

Tenho a impressão de dormir bem à noite. Apesar disso, às vezes adormeço durante o dia, principalmente em uma situação monótona como uma conferência ou o trajeto em transporte coletivo. Qual a causa desse problema?

A insuficiência de sono é uma das causas mais freqüentes da sonolência excessiva diurna. A carência de sono pode ser explicada por fatores de ordem social, familiar, educativa, profissional etc. Muitas vezes, as pessoas que sofrem de insuficiência crônica de sono não percebem que estão se privando do sono voluntariamente, ou têm dificuldade para aceitar esse fato. Mas sua agenda de sono é uma prova disso. Ela mostra períodos de sono muito curtos e repetidos. Além disso, muitas vezes existe uma grande diferença entre tempos de sono breves nos dias úteis e prolongados no fim de semana. Assim, essas pessoas gostam de dormir até mais tarde, e aumentam espontaneamente o tempo de sono nos fins de semana e durante as férias.

Para resolver essa situação, é preciso convencer as pessoas afetadas a prolongar seu tempo de sono. Quando esse objetivo é atingido e o déficit de sono termina, a sonolência excessiva durante o dia também desaparece completamente.

É verdade que alguns medicamentos dão sono?

A sonolência é um efeito indesejável mas freqüente em vários tipos de medicamentos: antibióticos, antiinflamatórios, comprimidos para combater a enxaqueca, antidepressivos, ansiolíticos, estroprogestativos, antialérgicos, antidiarréicos, remédios para mal de Parkinson etc. Entretanto, as pessoas não reagem da mesma maneira a um tratamento medicamentoso, e a sonolência pode ser experimentada de maneira diferente de um paciente para o outro.

A associação entre medicamentos pode agravar o risco de sonolência. O horário de consumo também é determinante. O médico deverá explicar ao paciente o risco de sonolência de cada remédio. Muitas vezes, o risco é maior no início do tratamento, diminuindo em seguida. As pessoas que estão começando um tratamento ou tomando a longo prazo um medicamento com propriedades sedativas devem tomar o máximo cuidado para dirigir.

Algumas doenças podem causar sonolência?

Existem várias doenças que podem causar sonolência. Algumas são doenças genéricas, que afetam diversos órgãos (tireóide, fígado, pâncreas etc.) ou funções essenciais (função imunitária, digestiva, respiratória ou cardíaca), que *a priori* não têm relação direta com o sono ou a vigília. Entre elas, podem-se ressaltar doenças endócrinas como o diabetes, o hipotireoidismo, afecções hepáticas como a cirrose, algumas formas de câncer ou doenças da medula óssea, algumas doenças neurológicas (esclerose múltipla, mal de Parkinson etc.), cardíacas (insuficiência cardíaca) ou respiratórias, neuromusculares (miastenia) etc. Podem-se acrescentar a esta lista – que não é exaustiva – as doenças infecciosas causadas por um agente viral (gripe, aids), bacteriano (pneumococo, estreptococo etc.) ou parasitário (doença do sono, também chamada tripanossomíase, paludismo etc.). O tratamento indicado é o da doença em questão, levando-se em conta, porém, os efeitos potenciais dos medicamentos sobre o sono e a vigília.

A sonolência pode ser perigosa?

Indiretamente sim, pois provoca milhares de acidentes de trânsito a cada ano. Segundo pesquisas realizadas no Reino Unido, 20% dos acidentes de veículos a motor têm relação com a sonolência excessiva. Além disso, constatou-se que um motorista com pontuação superior a 12 na escala de Epworth corre um risco de acidentes 70% maior do que um motorista com pontuação igual a zero.

Por isso, antes de partir em viagem, é recomendável que o motorista esteja descansado e que tenha dormido por tempo suficiente na noite anterior. Também é aconselhável fazer uma parada a cada duas horas em uma área de repouso. Em caso de sonolência ao volante, o motorista deve fazer uma sesta de 15 minutos e tomar duas xícaras de café antes de voltar para a estrada (na ausência de contra-indicação).

Escala de Epworth

A escala de Epworth, que você encontra na página seguinte, serve para avaliar o nível de sonolência diurna. Basta atribuir um valor numérico a cada uma das situações que podem ocorrer durante o dia. Uma pontuação total superior a 10 indica sonolência excessiva. Acima de 12, é aconselhável consultar um médico.

ESCALA DE EPWORTH

Se sua pontuação final for igual ou superior a 12, fale sobre isso com seu médico

	Possibilidades de cair no sono			
SITUAÇÃO	**0** Nunca	**1** Pequena	**3** Média	**4** Grande
Lendo em posição sentada				
Vendo televisão				
Sentado em atitude passiva em um local público (cinema, teatro, reuniões etc.)				
Viajando há mais de uma hora sem parar em um automóvel ou em meio de transporte coletivo				
Deitado à tarde, quando as circunstâncias permitem				
Sentado, conversando com outra pessoa				
Sentado em situação tranqüila, depois de um almoço sem bebida alcoólica				
Em um automóvel parado por alguns minutos, diante de um sinal vermelho ou em um engarrafamento				

Conforme M. W. Johns, *A new method for measuring daytime sleepiness: the Epworth sleepiness scale*, *Sleep* 1991, 14: 540-545.

63 O que é a narcolepsia/cataplexia?

A narcolepsia é uma doença primária do sono. Ela se caracteriza por acessos de sono irresistíveis, às vezes verdadeiros "ataques de sono". As pessoas afetadas não conseguem resistir ao sono em hipótese alguma e isso pode ocorrer nas situações mais diferentes: depois de uma contrariedade, uma decepção, uma emoção forte etc. Essas pessoas não conseguem manter um nível de alerta normal na maioria das situações da vida cotidiana, pois podem adormecer à mesa, durante uma refeição ou em uma conversa entre amigos. A narcolepsia afeta duas pessoas a cada 10 mil na França, em um total de 12 mil a 13 mil pessoas.

O *JET LAG* (DESCOMPASSO DE FUSO HORÁRIO)

64 O que é o *jet lag*?

O *jet lag* é uma dessincronização abrupta e temporária dos ritmos circadianos, imposta ao organismo quando uma pessoa transpõe vários fusos horários em um período relativamente curto (em algumas horas).

O organismo pode se adaptar facilmente à alteração de uma hora por dia, mas a mudança imposta pela passagem de vários fusos horários (mais de três) pode ter conseqüências sérias. Calcula-se que é preciso cerca de um dia de adaptação para cada hora de diferença. As conseqüências do *jet lag* vão da dificuldade para adormecer nos horários do país de chegada até a onolência diurna, passando pelo cansaço, a diminuição do desempenho físico e intelectual e as alterações de humor.

A ressincronização dos ritmos vigília-sono ocorre mais rapidamente que a dos ritmos de secreção da cortisona, da melatonina e a regulação da temperatura corporal.

Por que é mais fácil adaptar-se à diferença de fuso horário na viagem de ida da França para os Estados Unidos, em comparação com a volta?

O mal-estar experimentado pelos viajantes e as dificuldades de adaptação parecem maiores nos vôos de oeste para leste (avanço da fase) do que nos vôos de leste para oeste (atraso da fase). Um vôo de leste para oeste provoca um atraso da fase do sono. O viajante acumula uma "dívida de sono" durante o trajeto (quando é 20h em Nova York, são 2h da manhã em Paris) e, assim, tem tendência a adormecer rapidamente depois de chegar. Seu tempo de sono é diminuído, afetando as horas do sono matinal. Inversamente, por ocasião da viagem de volta, as dificuldades afetam o adormecimento, pois o organismo precisa adormecer em um momento em que deveria estar plenamente desperto. As primeiras horas de sono podem ser então prejudicadas, tanto na noite do retorno quanto nas noites seguintes.

Como prevenir o *jet lag*?

A exposição repetida ao *jet lag* e estadias de curta duração podem desregular o "relógio biológico". Para evitar isso, existem tratamentos comportamentais e/ou medicamentosos.

Na maioria dos casos, é aconselhável sincronizar-se imediatamente com os horários de refeições, trabalho e sono do país de chegada. Às vezes, é mais eficaz ainda antecipar o efeito do descompasso, modificando seus ritmos antes de partir. O uso de medicamentos hipnóticos por um período bem curto, de um a três dias, pode ajudar nesse sentido.

Existem outras substâncias promissoras, sobretudo a melatonina. Ela pode ser adquirida em alguns países (é usada no tratamento do *jet lag*, assim como de algumas insônias). Na França e no Brasil, ainda não se tem autorização para que sejam comercializadas, pois as modalidades de prescrição ainda não foram claramente definidas. A fototerapia também pode ser útil na prevenção do *jet lag*. Para um vôo em direção oeste, é recomendável fazer o tratamento à noite. Para um vôo em direção leste, é melhor expor-se à luz de manhã cedo.

Finalmente, no caso de estadias muito curtas, é possível manter a fase do sono do país de origem.

O caso de Gerônimo, de 51 anos

Toda vez que Gerônimo volta de Boston (várias vezes por mês), ele se queixa de que não consegue dormir durante três noites. São três noites de insônia completa, que ele só recupera durante o dia por meio de sestas curtas nos horários menos apropriados, sobretudo por volta das 14 horas, no momento em que ele recebe clientes importantes ou começa uma reunião de várias horas. Esses momentos são muito desagradáveis, pois ocorrem com freqüência. Em épocas normais, Gerônimo sempre dormiu bem, e até hoje conserva um sono que sua mulher e seus amigos consideram "de chumbo". No entanto, recentemente, Gerônimo notou alguns sinais reveladores. Seu sono já não é tão rápido. Em um trem ou avião, às vezes ele sente dificuldade para dormir, ao passo que antes adormecia "como uma pedra". Alguns de seus amigos o aconselharam a tomar melatonina, que pode ser encontrada facilmente nos Estados Unidos, até mesmo nos aeroportos. Gerônimo experimentou o medicamento por três vezes, mas não tem certeza de ter escolhido o produto certo nem a dosagem certa, pois várias combinações são oferecidas. Ele tampouco sabe se tomou o medicamento nos horários certos. Não sentiu muita diferença com ou sem melatonina, e resolveu desistir do produto, já que não dispôs de informações mais precisas.

Gerônimo preferiu adaptar-se da melhor maneira possível, por meio de estratégias comportamentais. Por ocasião de estadias muito curtas nos Estados Unidos, de menos de 48 horas, ele prefere manter os horários da França. Percebeu rapidamente que essa técnica dava bons resultados, causando menos alterações nos ritmos de sono. Quando as estadas duram mais de quatro dias, a melhor solução para Gerônimo, depois de se adaptar ao horário de Boston, é não dormir no avião da volta. Assim, conservando a privação de sono, ele tem mais facilidade para adormecer na noite de seu retorno, tomando cuidado para não fazer uma sesta à tarde. O primeiro dia é difícil, mas Gerônimo o organiza de maneira apropriada, evitando compromissos muito importantes. Faz grande esforço para usar sincronizadores, como a luz, à qual ele se expõe na manhã do retorno, a atividade física, fazendo uma caminhada de 30 minutos depois do almoço, contatos sociais, profissionais e familiares que lhe permitem manter-se desperto até a hora de dormir. Faz refeições leves, evitando o álcool e os pratos gordurosos. Nos dois dias seguintes, Gerônimo segue os conselhos de seu médico, tomando pontualmente um comprimido sonífero considerado "de nova geração", que não deixa efeito residual na manhã seguinte e provoca um adormecimento rápido. A partir da quarta noite, Gerônimo não sente mais necessidade de tomar o remédio e consegue adormecer naturalmente.

Recomendações para enfrentar o *jet lag*

Antes do vôo

Garanta uma boa noite de sono, dormindo no mínimo sete horas. Evite situações estressantes na véspera da partida, como, por exemplo, fazer as malas, resolver negócios ou participar de reuniões de trabalho. Pratique exercícios físicos no dia anterior a um vôo de longa duração. Evite se expor, antes da partida, a infecções virais ou bacterianas, como resfriados, gripes ou bronquites.

Vôo na direção leste ou oeste?

Acredita-se que os vôos na direção leste criam mais sintomas de *jet lag* que os vôos na direção oeste. No entanto, cada pessoa tem uma sensibilidade diferente de acordo com sua fisiologia, sua experiência e capacidade de adaptação.

Vôo diurno ou noturno?

Geralmente, é mais fácil suportar os vôos diurnos do que os noturnos, pois nos primeiros, os efeitos do *jet lag* são menores. Porém, também nesse caso existem preferências individuais, e algumas pessoas sentem exatamente o contrário.

Consumo de bebidas

A desidratação causada pelo ar seco dos aviões deve ser compensada com bebidas não-alcoólicas em quantidade suficiente. A água mineral é ideal, mais do que os sucos ou refrigerantes. O efeito tóxico do álcool é agravado pela atmosfera rarefeita dos aviões.

Acessórios para o sono

Os acessórios para o sono podem ser encontrados a bordo dos aviões ou em algumas lojas dos aeroportos. Máscaras para os olhos, travesseiros infláveis para apoiar o pescoço e protetores auditivos ajudam a melhorar a qualidade do sono durante o vôo. É aconselhável desamarrar os sapatos ou, melhor ainda, trocá-los por chinelos ou sapatilhas, que facilitam a circulação do sangue nos pés e evitam a sensação de peso nas pernas. Use uma coberta ou um pulôver leve para evitar o incômodo causado pelo ar-condicionado e assim manter o corpo aquecido, a fim de favorecer o sono.

Exercícios

Evite a ancilose (impossibilidade de movimentar articulações) durante o vôo. Escolha uma poltrona de corredor, não de janela. Mexa o corpo, faça movimentos, estire os braços e as pernas. Levante-se e caminhe ao longo do corredor. Se possível, desça do avião durante as escalas e dê um passeio.

Duchas

Tomar uma ducha durante uma escala em vôos demorados ajuda a refrescar o corpo e reativar a circulação e os músculos.

Hipnóticos

Hipnóticos de efeito curto induzem o sono de maneira eficaz depois de um vôo na direção leste, quando o organismo ainda está desperto.

Estimulantes

As bebidas servidas nos aviões podem ter efeito discretamente estimulante: chá, café. Provavelmente, as doses de cafeína contidas nessas bebidas são muito diferentes de uma xícara para a outra, variando também conforme a companhia aérea.

Melatonina

Seus efeitos são polêmicos. Algumas pesquisas recentes comprovaram que o uso inadequado pode agravar o *jet lag*! Uma dose de 3 mg antes de dormir parece benéfica em alguns casos.

ANSIEDADE, ESTRESSE E SONO

65 Como posso administrar meu estresse da melhor maneira antes de dormir?

Todas as técnicas que ajudam a reduzir o estresse podem facilitar o adormecimento. O aprendizado do relaxamento – ou sofrologia – permite reproduzir e praticar em casa os princípios ensinados pelo terapeuta. As vantagens dessas técnicas é, principalmente, o relaxamento muscular, que ajuda a adormecer.

O efeito do estresse e da ansiedade sobre a insônia é real?

O estresse e a ansiedade têm relação muito estreita com o surgimento ou persistência da insônia. Na grande maioria dos casos, as pessoas que sofrem de insônia costumam "ruminar" pensamentos e outras preocupações ansiosas que afetam o sono. Por outro lado, nem todas as pessoas de temperamento ansioso sofrem de insônia.

Uma situação experimental utilizada em laboratório de psicologia, criando uma contradição entre os mecanismos psicológicos e fisiológicos que conduzem ao sono, ilustra a função do estresse no desenvolvimento de uma insônia. Em um aposento, cinco pessoas deitadas participam de um "concurso" para dormir e a primeira a adormecer tem direito a uma quantia em dinheiro. Essa regra provoca uma "ansiedade de desempenho" que estimula a vigília e cria uma tensão física incompatível com o sono.

Existe um "hormônio do estresse"?

Cada um de nós já teve a oportunidade de constatar que, durante uma crise de estresse, a função de vigília é ativada e ajuda o indivíduo a se preparar para reagir, defender-se e lutar.

A cortisona é um hormônio fabricado pela glândula supra-renal (situada acima do rim), cuja produção aumenta durante uma crise de estresse. Esse hormônio é estimulante, como demonstra seu ritmo de secreção, que é inverso ao do sono. Seu pico de fabricação ocorre durante o dia, enquanto o mínimo se situa durante a noite. Portanto, o sono só é possível se a taxa de cortisona for baixa. Esse hormônio interfere decisivamente no mecanismo de manutenção das insônias, sobretudo nas pessoas estressadas ou sensíveis ao estresse.

É possível entrar em pânico em pleno sono?

Sim. Algumas pessoas podem sentir muita ansiedade ao despertar, atitude essa que se assemelha a um verdadeiro ataque de pânico. Às vezes, a pessoa desperta abruptamente de seu sono com um grito estridente, parece desvairada, não reconhece as pessoas próximas, fica trêmula. Seus olhos estão arregalados, ela transpira, tem respiração curta, palpitações. Só depois de vários minutos é que consegue se acalmar e retomar a consciência normal.

Esses ataques de pânico noturno podem ser isolados, ou podem ocorrer também durante o dia. Nesse caso, eles se inserem naquilo que se convencionou chamar de "síndrome do pânico", um tipo de transtorno ansioso no qual a ansiedade se exprime de maneira intensa e abrupta.

O tratamento dos ataques de pânico noturno é o mesmo da síndrome do pânico, e consiste, essencialmente, em medicamentos ansiolíticos e antidepressivos. A relação entre os ataques de pânico noturno e os terrores noturnos da infância não foi claramente estabelecida, mas é possível que exista uma continuidade entre essas manifestações, já que ambas ocorrem num momento de sono lento e profundo.

HIPERATIVIDADE E SONO

66 A hiperatividade também existe nos adultos? Ela pode prejudicar o sono?

A hiperatividade não afeta apenas as crianças. Alguns adultos também são incapazes de "ficar parado no lugar". Sentem necessidade de movimento constante, sobrecarregam sua agenda de compromissos, chegam a atender várias pessoas ao mesmo tempo. Seus gestos também são exagerados, estão sempre em trânsito, não conseguem ficar sentados por muito tempo, percorrem os corredores ou escritórios para lá e para cá tentando acalmar-se um pouco etc.

Os adultos hiperativos são prejudicados pela insuficiência de sono. São os últimos a ir para a cama e os primeiros a acordar, mantendo uma privação constante de sono, compensada pela atividade física e psíquica que aparentemente ajudam a lutar contra o adormecimento e o cansaço constante durante o dia.

O caso de Cristina, de 40 anos

Desde a infância, Cristina sofre de uma doença que ela designa pelo termo norte-americano ADHD (*Attention Deficit Hyperactivity Disorder*). Seu comportamento chama a atenção, pois ela não pára de mexer os pés, as mãos e os braços durante a entrevista. Seu rosto é muito expressivo e todas as suas frases são acompanhadas por gestos dos braços ou do corpo. Ela se queixa constantemente de que não consegue "parar no lugar", mesmo atualmente, aos 40 anos de idade. Escreve livros para crianças, mas nunca conseguiu passar das primeiras 50 páginas. Seu maior problema é terminá-los, pois, além da hipermotricidade, ela é extremamente distraída e sente muita dificuldade para se concentrar. Aliás, sua formação acadêmica teve que ser encurtada por causa dessa incapacidade de terminar aquilo que ela se propõe a fazer. Essa hiperatividade é acompanhada de grande nervosismo, que ela tenta acalmar comendo chocolates e pastéis doces o dia inteiro. Seu sono também é muito perturbado. Cristina se queixa de uma insônia que dura há vários anos. Ela descreve a sensação de ter seu corpo e seu cérebro em atividade contínua, sem parar, mesmo depois de ela ter ido para a cama. O tempo que ela leva para adormecer é de duas horas ou mais. Ela também acorda várias vezes por noite. De manhã, seu despertar é precoce e desagradável. Ela precisa de pelo menos duas horas para se sentir completamente desperta e em forma. Em alguns períodos, seu sono é pior ainda, e ela descreve aquilo que chama de "retomada da insônia". Várias vezes por semana, ela consegue fazer uma sesta de 30 a 60 minutos, depois da qual se sente melhor. Ao contrário do sono noturno, ela adora essas sestas da tarde. Mas sua maior preocupação são os movimentos. Esse problema a incomoda em longos trajetos de automóvel. Ela garante que dirige bem, mas já sofreu dois acidentes graves. Nunca pôde se casar, pois, segundo ela afirma, "meus sintomas sempre afastaram os pretendentes". Ela gosta de se informar sobre seu transtorno, que tem sido objeto de vários livros de autores anglo-saxões, costuma assistir a congressos científicos em Londres sobre o assunto e procura informações na internet. Acha que a doença tem um componente genético. Aliás, ela não é a única pessoa da família a sofrer desse transtorno. Um de seus sobrinhos, de oito anos de idade, apresenta exatamente os mesmos sintomas e está tomando um medicamento que alivia sensivelmente seu problema. Apesar das pesquisas, ela afirma que os tratamentos desse transtorno em adultos ainda não foram claramente estabelecidos. Sabendo que reage mal às substâncias sedativas ou "calmantes", ela prefere esperar que medicamentos mais adequados contra esses sintomas estejam disponíveis.

AS INSÔNIAS

67 A insônia é perigosa para a saúde? Como reconhecê-la?

Os perigos da insônia para a saúde não foram comprovados. Nenhuma pesquisa científica demonstrou que a insônia tem relação com uma mortalidade mais elevada. Algumas pesquisas concluíram, inclusive, que a mortalidade é inferior nas pessoas que dormem entre 5,5 e 7,5 horas por noite, em comparação com aquelas que dormem mais de 7,5 horas. Por outro lado, o uso prolongado de hipnóticos é considerado um fator possível de manutenção da insônia.

Quais são as principais causas da insônia? É indispensável encontrar a causa e curá-la para tratar a insônia?

Nem sempre é possível encontrar uma causa para a insônia. Vários fatores podem contribuir. São chamados de "fatores predisponentes" (ansiedade, por exemplo), "precipitantes" (doença, luto, diferença de fuso horário etc.) e "perpetuantes" (uso crônico de hipnóticos, má higiene do sono etc.). A prioridade nem sempre é encontrar a causa ou fator originário da insônia, e, sim, determinar qual é ou quais são os fatores atuais que a mantêm.

A menstruação pode causar transtornos do sono?

O período menstrual pode perturbar o sono modificando a secreção de hormônios que também afetam os sistemas vigília/sono (estrógenos, progesterona). Alguns sintomas freqüentes são a sonolência anormal, o cansaço e às vezes pequenos transtornos de comportamento como irritabilidade e/ou morosidade. Essas manifestações desaparecem completamente depois da menstruação, mas podem retornar no próximo ciclo.

É mais difícil dormir numa montanha?

Em algumas pessoas, a altitude pode favorecer a insônia. Em outras, ao contrário, ela não tem efeito algum. Parece que a causa principal não é a própria altitude, mas a rapidez da mudança de altitude (passar em algumas horas de zero a mais de 2 mil metros), que pode ser um fator de estresse ao qual a pessoa precisa se adaptar. Em matéria de sono, a adaptação à altitude parece fácil na maioria dos casos para as pessoas que permanecem na montanha por uma estada prolongada.

Não dormi mais de cinco horas nas últimas três noites. Será que estou sofrendo de insônia?

Existem insônias passageiras cuja duração não excede cerca de três semanas. Geralmente, elas se seguem a um fator precipitante que pode ser um acontecimento estressante, uma doença, um falecimento, uma mudança de endereço, a diferença de fuso horário ou, ainda, a altitude. Depois de algumas noites difíceis, o sono volta a ficar normal – e esse tipo de insônia raramente tem conseqüências.

Quanto ao tratamento, pode se limitar ao uso, durante algumas noites, de um medicamento hipnótico receitado pelo médico. Seguir as regras de higiene do sono também é útil, a fim de evitar a instalação do transtorno.

Ana me contou que está "um bagaço", pois não consegue dormir há dez dias... Como isso é possível?

Isso não é possível! Com certeza, Ana tem a sensação de não ter dormido, mas uma privação tão longa seria impossível, pois o sono acabaria se impondo sob a forma de sonos-relâmpagos durante o dia, ou ocorreria à noite, mesmo de maneira episódica. Esse princípio se deve à função homeostática do sono, que faz com que a necessidade de sono se acumule durante o dia e esteja relacionado à duração da privação.

Certamente, Ana descreve a impressão de um sono fragmentado ou interrompido por momentos de vigília. Pode ser que ela esteja subestimando também os momentos de "microssono", ou sestas breves durante o dia. De fato, algumas pessoas têm mais dificuldade para memorizar o sono em comparação com a vigília. A percepção de tempo do sono real é muito diferente daquela que pode ser constatada em um exame objetivo como a polissonografia.

Durmo muito mal à noite, mas não me sinto sonolento durante o dia e nunca faço sestas. Como se explica isso?

Muitas pessoas que sofrem de insônia se queixam de cansaço, não tanto de sonolência. A pontuação que elas têm nas escalas de sonolência é baixa, e sua tendência natural a fazer uma sesta é muito pequena. Tudo acontece como se existissem mecanismos de compensação para a "dívida de sono" contraída. A cama é usada sobretudo para descansar, ler, escrever, ver televisão, mas raramente para dormir ou para adormecer com prazer.

Essas constatações mostram que a insônia, ou pelo menos algumas de suas formas, tem relação principalmente com as anomalias dos sistemas de vigília. Isso explica por que as pessoas que sofrem de insônia estão sempre alertas, inclusive quando dormem, e por que seu prazo de adormecimento é maior do que nas pessoas "normais". Nesse contexto, os fatores de estresse relacionados ao meio ambiente (problemas familiares, conjugais, financeiros, ruído) ou alimentados pela própria pessoa (idéias depressivas, pessimismo, pensamentos ansiosos etc.), reforçam ainda mais a hipervigília.

68 A insônia pode ter causas físicas como, por exemplo, cãibras nas pernas?

Sim. Nesse caso, é importante conversar com o médico, que pode pedir um exame aprofundado do sono num laboratório especializado. Pode ser que você esteja sofrendo da "síndrome das pernas inquietas" ou da "síndrome dos movimentos periódicos durante o sono".

O que é a "síndrome das pernas inquietas" e quais são suas causas?

A "síndrome das pernas inquietas" é uma sensação desagradável de puxões, formigamento, às vezes cãibras, nas panturrilhas ou nas pernas, que obrigam a pessoa afetada a se levantar e caminhar para diminuir o incômodo. Algumas pessoas têm até mesmo a impressão de que existem "vermes" rastejando sob sua pele, ou que suas pernas serão "fisgadas" por anzóis se elas não mexerem as pernas para se livrarem do incômodo.

Essas sensações ocorrem no estado de vigília, perturbam o adormecimento, obrigam a pessoa a se levantar e assim retardam o sono. Em alguns casos, podem até ocasionar verdadeiras perturbações do sono, como insônia e sonolência diurna. No último trimestre de gravidez, essas manifestações podem ocorrer de maneira regular.

Em cerca de 30% dos casos, essa síndrome tem causas hereditárias. As outras causas são múltiplas e menos conhecidas, mas os transtornos musculares, a circulação sangüínea nas pernas, o alcoolismo, os transtornos renais, algumas carências de vitaminas, o tabaco, o café e alguns medicamentos estão entre as possíveis causas.

O que é a "síndrome dos movimentos periódicos durante o sono" e como diagnosticá-la?

A "síndrome dos movimentos periódicos durante o sono" ocorre quando a pessoa está dormindo – geralmente, ela não percebe o que se passa. Trata-se de movimentos dos membros inferiores que acontecem em intervalos regulares, aproximadamente a cada 30 segundos. O movimento pode começar com uma flexão do dedão do pé, seguida por uma flexão do tornozelo, do joelho e até da articulação da coxa. Esses movimentos costumam ocorrer no início da noite, durante as fases de sono de ondas lentas, e diminuem durante o sono paradoxal. Quando ocorrem várias vezes por noite, podem alterar a qualidade do sono e criar episódios breves mas repetidos de despertar noturno, ou sonolência durante o dia. Também podem causar incômodo para o parceiro, cansado de receber "pontapés" durante a noite ou de ver as cobertas afastadas da cama pelos movimentos repetidos.

O diagnóstico dos movimentos periódicos durante o sono só é possível por meio do exame polissonográfico. Realizado num laboratório de sono, ele permite detectar a presença de movimentos, com a colocação de sensores nos músculos das pernas para verificar se as contrações musculares causam despertar repetido durante a noite.

Existem tratamentos para essas afecções?

Sim. O tratamento consiste principalmente em eliminar a causa, seja ela, por exemplo, uma doença primária (doença renal, diabetes etc.) ou o consumo de tabaco ou álcool, que é aconselhável diminuir. Também se pode tentar corrigir alguns fatores ambientais, como temperatura muito alta ou exposição prolongada ao frio. Por fim, alguns medicamentos podem dar bons resultados. São tranqüilizantes de efeito miorrelaxante ou medicamentos que ajudam a corrigir movimentos anormais, também utilizados no tratamento do mal de Parkinson.

Estou sofrendo de insônia. Devo fazer uma polissonografia?

Não, se a insônia for transitória. Por outro lado, se você sofre de insônia crônica, a polissonografia é o único exame que fornece uma representação exata da quantidade e qualidade do seu sono. O ideal é realizar esse registro depois de uma interrupção suficientemente prolongada dos hipnóticos (de alguns dias a algumas semanas).

As principais causas da insônia

- Causa médica (dor, asma, angina de peito, reumatismos etc.).
- Causa psíquica ou psiquiátrica (depressão, transtorno ansioso, doença maníaco-depressiva).
- Consumo de substâncias (medicamentos, drogas, tabaco, álcool etc.).
- Transtorno circadiano.
- Síndrome das pernas inquietas, movimentos periódicos durante o sono.
- Síndrome das apnéias durante o sono.
- Insônia psicofisiológica.

Se você sofre de insônia, não apele para a automedicação. Só um médico pode indicar o tratamento mais adequado, com base na avaliação clínica.

69 Se eu me deitar mais tarde, vou adormecer mais rápido?

Você pode tentar, mas isso é pouco provável! Adiar de maneira deliberada a hora de dormir não é a melhor maneira de adormecer mais rápido, pois isso pode criar uma ansiedade de desempenho ("tenho que dormir a qualquer preço") e prolongar inutilmente o prazo de adormecimento. Uma opção melhor para as pessoas que sofrem de insônia é praticar uma "restrição do tempo de cama". O tempo que elas passam na cama costuma ser excessivo – elas se obrigam a ir cedo para a cama e ficam deitadas, na tentativa de recuperar a insuficiência de sono. Assim, é melhor diminuir radicalmente esse tempo, a fim de recriar uma associação entre a cama, o quarto de dormir e o sono.

Conselhos para dormir melhor

1. Siga horários regulares para acordar e dormir.
2. Pratique regularmente uma atividade física, mas até no máximo oito horas antes de dormir.
3. Limite as sestas e o sono durante o dia.
4. Crie um ambiente compatível com o desejo de dormir e o sono: quarto de dormir acolhedor etc.
5. Estabeleça um período de descontração antes de ir para a cama.
6. Evite o consumo de álcool e café à noite.
7. Evite comer muito no jantar.
8. Não fique "ruminando" na cama os problemas do dia.
9. Evite exercício físico ou intelectual muito intenso antes de dormir.

O que é uma "agenda do sono" e para que serve?

A "agenda do sono" é uma etapa essencial para a avaliação da insônia, mesmo quando os dados colhidos não são absolutamente exatos. Trata-se de uma avaliação do sono feita pela própria pessoa que sofre de insônia.

O paciente deve registrar a cada manhã, logo depois de acordar, durante oito dias, no mínimo, todas as informações sobre a noite anterior: hora de ir para a cama, hora do adormecimento, passando pelos episódios de despertar noturno e sua duração, horário do despertar e das eventuais sestas. Em seguida, esses dados são inseridos em uma tabela a partir da qual a pessoa pode calcular o índice de eficácia de seu sono (IES). Esse índice é calculado dividindo-se o tempo de sono pelo tempo passado na cama (prazo de adormecimento + despertar noturno + tempo de sono) e multiplicando-se o resultado por 100. Quando uma pessoa dorme bem, seu índice é superior a 90%.

"A agenda do sono"

horas / dias	20h	21h	22h	23h	24h	1h	2h	3h	4h	5h	6h	7h	8h	9h	10h	11h	12h	13h	14h	15h	16h	17h	18h	19h	QN	QD	MEDIC	Comentário	IES
D1				C ↓																									
D2																													
D3																													
D4																													
D5																													
D6																													
D7																													
D8																													
D9																													
D10																													
D11																													
D12																													
D13																													
D14																													
D15																													

Faça uma cópia ampliada dessa agenda, para usá-la mais facilmente.
Assinale os momentos de despertar noturno e sua duração (ver Dia 1).
C: indica o momento de ir para a cama. ↓: indica o momento de apagar a luz. ↑: indica o despertar.
Assinale os momentos em que você sentiu sono de dia: ○
Assinale os momentos em que você dormiu na cama ou numa poltrona de dia: ●
QN: qualidade da noite (faça uma avaliação de 0 a 10).
QD: qualidade do dia – até que ponto você se sente em forma (faça uma avaliação de 0 a 10).
MEDIC: se você tomou medicamentos, indique seu nome e posologia.
IES: índice de eficiência do sono, isto é, a duração do sono dividida pelo tempo passado na cama e multiplicado por 100.

70 O que são as "terapias comportamentais" e para que servem?

As terapias comportamentais têm uso freqüente na abordagem terapêutica da ansiedade, do estresse e da depressão. São métodos praticados por um breve período (cerca de dez sessões), sob a orientação de um terapeuta (geralmente, médico ou psicólogo). O objetivo consiste em tratar um transtorno preciso, por exemplo, uma fobia. Essas terapias se aplicam com sucesso aos transtornos do sono – nesse caso, servem para modificar o comportamento das pessoas que sofrem de insônia e sua expectativa em relação ao sono.

O relaxamento costuma ser utilizado no contexto das técnicas comportamentais. Ele favorece o adormecimento graças ao aprendizado da descontração muscular. São técnicas úteis, pois podem ser reproduzidas pela própria pessoa em casa. Trata-se, portanto, de um enfrentamento ativo do problema do sono, e não passivo, como é o caso de um simples comprimido para dormir.

O caso de X, mulher de 42 anos

X sempre dormiu mal. Ela explica ao médico, que está atendendo-a pela primeira vez, que "nenhum de seus colegas teve muito sucesso comigo". No entanto, ela já fez várias tentativas de tratamento. X chegou a fazer um exame de sono num grande hospital parisiense. Diz que sente muita angústia para dormir e que no momento de adormecer sofre tremores ou abalos no corpo inteiro, desde o couro cabeludo até o dedão do pé. X dirige uma pequena empresa familiar que lhe causa muitas preocupações, desde a morte acidental de seu marido, há seis anos. Conta que sente grande cansaço durante o dia, mas não adormece. Em casos muito raros, ela faz uma sesta de dez minutos no carro. Para ela, sete horas de sono representam uma noite satisfatória, mas raramente ela atinge essa duração e dorme geralmente de cinco a seis horas, interrompidas por vários episódios de despertar, "a cada hora", como ela diz. O adormecimento também constitui um problema. Quando ela não consegue dormir, é obrigada a sair da cama, comer, ir ao banheiro, voltar para a cama. Essa seqüência pode se repetir várias vezes durante uma a duas horas. Os tratamentos para reduzir o despertar e diminuir os tremores foram mais ou menos eficazes durante dois anos, mas atualmente X se recusa a segui-los. Ela tem medo de se acostumar e não conseguir viver sem eles. Seja como for, não é a melhor solução. Hoje em dia, X afirma que está "segurando as pontas" graças a um hipnótico "de nova geração", que ela toma toda noite há 18 meses, além de extrato de pilriteiro. Ela percebeu que o esporte a ajudava a "se cansar" para dormir, e começou a praticar o *jogging* à noite. Afirma que sente uma necessidade permanente de se mexer desde a infância.

Por outro lado, X não se queixa de sonolência. Sua pontuação na escala de Epworth é 1, portanto muito baixa, independentemente da quantidade de horas de sono na noite anterior.

Outra característica do sono da X é sua extrema inconstância. Ela pode ter sono satisfatório e profundo várias semanas em seguida, como, por exemplo, nas férias, mas depois, de repente, tudo sai do controle. Nada funciona mais e suas noites não passam de cinco horas, apesar do consumo de medicamentos.

X viaja bastante para os Estados Unidos, mas a diferença de fuso horário a afeta pouco. Ela afirma que se recupera depressa nos dois sentidos, tanto na ida quanto na volta.

Recentemente, X se casou novamente. Tudo vai bem em sua vida nova, exceto o sono, que continua a lhe pregar peças. Ela se levanta várias vezes por noite para comer, mas afirma que dorme melhor com o marido do que sem ele.

Durante o exame de sono, X dormiu 6 horas e 30 minutos. Mesmo com longos momentos de vigília, os estágios de sono estavam presentes em quantidade bastante satisfatória. O sono paradoxal totalizou 85 minutos, e o sono profundo, 84 minutos.

X apresenta uma insônia crônica, cujo fundamento é a queixa de não dormir por tempo suficiente. Seu sono parece relativamente intacto, e os sinais de insuficiência do sono, como a sonolência, são mínimos. Seu humor não é afetado. A qualidade do sono é sensível aos fatores de estresse experimentados por X. Eles explicam, em parte, o contraste entre as noites difíceis e os períodos de sono satisfatório. O tratamento por meio de hipnóticos parece eficaz, mas tornou-se rotineiro e excessivamente prolongado. O exame de sono comprovou a qualidade do sono e afastou a possibilidade de uma doença do sono. Pode-se ajudar X pela prática de terapias comportamentais, baseadas no relaxamento, para que ela consiga interromper progressivamente o uso de soníferos.

Quando não durmo pelo menos oito horas e 30 minutos à noite, tenho certeza de que o dia seguinte vai ser infernal...

As pessoas que sofrem de insônia têm tendência a achar que todas as suas dificuldades na vida se devem à insônia. Assim, uma pessoa pode pensar que o dia seguinte será desastroso se ela não dormir oito horas, ou ainda que não consegue adormecer de maneira alguma sem tomar um medicamento hipnótico. Muitas vezes, essas idéias não têm fundamento, e o objetivo da terapia é convencer a pessoa de que dormir sete horas, por exemplo, pode ser suficiente para lhe garantir excelente nível de desempenho, ou que o medicamento hipnótico nem sempre dá sono – o que ajuda a dormir é o fato de o medicamento ser tomado num momento favorável a seu ritmo biológico.

O método chamado de "controle dos estímulos"

Esse método ajuda a modificar os hábitos de sono, favorecendo o adormecimento e ajudando a administrar melhor o despertar noturno.

- Crie um espaço de descontração

Reserve alguns momentos para relaxar e se descontrair antes de ir para a cama. Uma das técnicas para isso é a "poltrona das preocupações". Tente relaxar em uma poltrona confortável, abandonando ali as preocupações e o estresse do dia, cerca de uma hora antes de dormir, a fim de não levar as preocupações para a cama.

- A cama serve para o adormecimento e o sono – não fique "contando carneirinhos" na cama!

É inútil ir para a cama quando a pessoa não se sente cansada ou sonolenta. Isso pode prolongar o período de vigília na cama, reforçando o condicionamento negativo do sono, isto é, a ocorrência de idéias desagradáveis, angustiantes ou repetitivas. "Contar carneirinhos" não é uma técnica cognitiva eficaz. Ficar na cama tampouco é aconselhável em caso de despertar noturno prolongado. É melhor se levantar e fazer uma atividade calma durante alguns minutos (leitura, televisão, tricô, quebra-cabeças etc.) antes de voltar para a cama aos primeiros sinais de sono.

- Não fique acompanhando a passagem das horas

Não veja as horas no despertador ou no relógio de pulso. É melhor não ficar acompanhando a passagem das horas. Isso aumenta o estresse de não dormir pelo tempo suficiente e aumenta a ansiedade de desempenho. Esconda o despertador, para não consultá-lo o tempo todo.

- Levante-se em horário regular pela manhã

Evite grande disparidade em seus ritmos de sono. Mesmo quando você se deita tarde ou durante os fins de semana, mantenha o horário de acordar mais ou menos constante.

■ Evite as sestas – não tente recuperar o sono a qualquer preço

Muitas pessoas que sofrem de insônia tentam recuperar a qualquer preço as horas de sono perdidas. Elas fazem questão de dormir de dia, acordam tarde de manhã ou preferem ficar em casa. Para manter uma "dívida de sono" suficiente, é necessário não dormir de dia, a não ser em alguns casos específicos. Não se esqueça de que o sono se constrói durante o dia, e que ficar na cama de dia não é compatível com um sono noturno de boa qualidade.

■ Mande mensagens "sincronizadoras" para seu "relógio biológico"

Expor-se durante o dia a sincronizadores fortes como a luz, as refeições, os horários de trabalho e os contatos sociais é absolutamente necessário para uma boa alternância vigília-sono. As pessoas privadas desses pontos de referência (experiências de vida em grutas ou em isolamento temporal) vivem de maneira dessincronizada.

■ Utilize o quarto unicamente para dormir

Provavelmente, dormir e fazer amor são as duas únicas atividades que você gostaria de fazer na cama. Mas a experiência mostra que muitos outros comportamentos são possíveis nesse ambiente privilegiado, e todos eles estimulam a vigília e contrariam o sono. Quando você entra no quarto de dormir, é essencial que seu cérebro perceba que vai viver ali um momento de calma e prazer. Todos os eletrodomésticos, aparelho de som, televisão, computadores, fax, telefones, internet, WAP devem ser banidos do quarto de dormir, assim como a leitura intensiva, o trabalho, o exercício físico, a ginástica, a musculação, o esporte, as refeições etc. O quarto compartilhado com crianças pequenas (berço, colchão no chão, leito compartilhado) também é um fator considerável de manutenção da vigília dos pais, assim como da criança.

O que é preciso levar em conta no quarto do adulto?

- Cama: a cama tem de ser reservada para o sono. Atividades como comer, estudar, ler, escrever, telefonar devem ser evitadas.
- Televisão, computador: não são recomendáveis no quarto de dormir. Funcionam como estimulantes da vigília e emitem uma radiação desfavorável.
- Rádio-relógio: a exibição permanente do horário durante a noite pode incomodar pessoas que sofrem de insônia, pois elas ficam contando o tempo que lhes resta para dormir.
- Telefone celular: é aconselhável evitar o telefone na cama ou no quarto, no período anterior ao adormecimento.
- Janela/cortinas: cortinas opacas garantem a escuridão necessária para o sono.
- Abajur de criado-mudo: ele autoriza a leitura. Esta não deve se prolongar além de alguns minutos, a fim de preparar o adormecimento e provocar um estado de descontração física e mental.
- Livros: o excesso de livros pode estimular a vigília. O tempo de leitura deve ser curto, a fim de preparar o adormecimento e não prolongar a vigília.
- Comprimidos + copo d'água: ao alcance da mão, sua simples presença tem função tranqüilizadora. Algumas pessoas recorrem sistematicamente ao comprimido para dormir no momento de ir para a cama ou durante a noite.

71 Quando é preciso apelar para os hipnóticos ou para os antidepressivos?

As técnicas comportamentais ou cognitivas, o relaxamento, a higiene do sono são abordagens que permitem às pessoas que sofrem de insônia avaliar e administrar melhor seus próprios problemas de sono. Essas técnicas não recorrem aos medicamentos de maneira sistemática. No entanto, pode ser útil associar um tratamento medicamentoso à terapia, seja no início, seja no meio dela, para facilitar a mudança e limitar as conseqüências da falta de sono.

O caso de Ana Sofia, de 25 anos

Há três anos, Ana Sofia estava saindo com Paulo e pretendia se casar com ele no próximo mês de junho. A data estava quase definida. Ana Sofia se preparava para fazer sua lista de casamento e enviar os convites quando, de repente, tudo veio abaixo. Paulo já não tinha certeza de seus sentimentos. Contou para seu melhor amigo que preferia adiar a data do casamento e refletir um pouco mais até o final de seus estudos. Mas Ana Sofia não acreditou nessa explicação. Ela acha que Paulo já não a ama mais, embora não tenha coragem de contar-lhe isto, e que decidiu se afastar dela pouco a pouco. Ana Sofia ficou arrasada. Seu sono, normalmente excelente, foi prejudicado. Ela não dorme mais, passa as noites em claro ruminando as idéias mais pessimistas. A cama se tornou um local insuportável para ela. Prefere se deitar no sofá, fechar os olhos e não pensar em mais nada. Acorda ao menor ruído ou assim que a luz do dia penetra no aposento. De dia, sente um cansaço difuso, um misto de melancolia e inquietação, um desejo de não fazer nada além de dormir. Fica remoendo sem parar idéias deprimentes que lhe dão medo.

Depois de oito dias, ela foi consultar um médico a respeito dessa insônia pouco habitual, mas extremamente incômoda, que amplifica todas as suas idéias melancólicas e pensamentos mórbidos. O médico entendeu a crise de Ana Sofia e lhe receitou por alguns dias um hipnótico "leve", que deveria ajudá-la a dormir. Pouco a pouco, o hipnótico fez efeito, com uma melhora evidente dos sintomas à noite. Ana Sofia voltou a dormir melhor. Ela adormece em menos de 15 minutos, em vez de levar duas horas, não acorda mais e consegue dormir várias horas em seguida. Este sono é suficiente para que ela se recupere no nível emocional. Agora, ela compreende melhor a situação e consegue relativizar os problemas. Paulo só precisa de um pouco de tempo. Ela está disposta a lhe oferecer esse prazo de reflexão e uma chance de voltar para ela. É provável que Paulo aproveite essa chance. Seja como for, Ana Sofia não vai esquecer tão cedo aquelas semanas difíceis. Quando seu sono se normalizar daqui a três semanas, ela deixará de tomar os hipnóticos definitivamente.

Qual é o modo de atuação dos hipnóticos? Para que eles servem?

Os hipnóticos são substâncias que provocam ou mantêm o sono. Sua utilidade é evidente contra as insônias relacionadas ao estresse e contra as insônias transitórias, isto é, com duração inferior a três semanas. Devem ser receitados com precaução, pois existe risco de hábito para a maioria dessas substâncias. Para se obter o mesmo efeito, as doses têm de ser aumentadas depois de algum tempo de uso. É preciso entender que esses produtos funcionam como estimulantes do sono. São acima de tudo substâncias "antivigília", que diminuem o prazo de adormecimento e a freqüência do despertar noturno. Algumas delas respeitam melhor que outras o sono fisiológico, isto é, os vários estágios do sono e sobretudo o sono profundo. Depois de algumas semanas ou meses de uso, a maioria dos hipnóticos perde sua eficácia. Por isso, devem ser receitados por pouco tempo. O médico é a pessoa mais habilitada para receitar um hipnótico e explicar a melhor maneira de usá-lo.

E quanto aos antidepressivos?

Os antidepressivos serotoninérgicos agem sobre os mecanismos de regulação do sono, que costumam ser alterados durante uma depressão. Seu efeito beneficia tanto o humor quanto o sono. O modo de atuação consiste em aumentar a quantidade de serotonina nas sinapses (conexões entre os neurônios), impedindo que ela seja reassimilada pelos neurônios.

Quando paro de tomar hipnóticos, mesmo que por uma noite, tenho certeza de que não vou dormir sequer por um minuto...

Essa reação é chamada de "retomada da insônia". Costuma ocorrer quando se interrompe abruptamente o uso de um hipnótico. O efeito se deve à interrupção do uso e não ao fato de se dormir pior do que antes. Essa retomada da insônia pode acontecer no final da noite, no caso de alguns hipnóticos cujo efeito tenha duração muito curta. Por isso, é importante diminuir progressivamente o uso de medicamentos para dormir, sob o controle de um médico, que estabelecerá um programa de abstinência diminuindo as doses para metade ou um quarto de comprimido.

MAL-ESTAR PSICOLÓGICO, DEPRESSÃO E SONO

72 O mal-estar psicológico e a depressão podem afetar o sono?

A expressão "mal-estar psicológico" pode significar apenas estar de mau humor, ser "rabugento", apresentar falta de motivação, ter desinteresse por uma atividade que normalmente causa prazer. Não se trata de uma doença propriamente dita, ao contrário da depressão, que se manifesta em forma de humor melancólico na maior parte do tempo, choro, desinteresse pelo mundo exterior, pessimismo diante do futuro, idéias sombrias e até mesmo suicidas – e geralmente insônia. Existem vários graus de intensidade numa doença depressiva, mas a persistência dos sintomas ao longo de semanas ou meses costuma ser uma característica comum.

O caso do Y, homem de 46 anos

Y executa um trabalho de precisão: ele é cirurgião plástico. De três meses para cá, ele vem se queixando de que não consegue mais operar tão bem quanto antes, por causa de um grande cansaço. Não confia mais plenamente em si mesmo e sente dúvidas antes das intervenções mais difíceis. Antes de dormir, ele fica "ruminando" suas preocupações a respeito dos colegas, que já não ficam impressionados com sua habilidade e rapidez. Ele passa e repassa mentalmente o programa de operações do dia seguinte, sem conseguir conciliar o sono. Juntamente com os transtornos do sono e, talvez tenha sido até mesmo antes deles, ele começou a sentir certo desinteresse pelas coisas e certa melancolia. Sente menos prazer com os poucos passatempos que tinha, menos vontade de encontrar os amigos, menos ocasiões para sair à noite. Tem um desejo de ficar em casa, mas sem conseguir se concentrar para ler um livro ou ver televisão. Muitas vezes, ele se sente tomado pelo cansaço e o tédio. Seus amigos perceberam que algo está errado, mas têm receio de conversar sobre isso, pois ele se tornou um pouco irascível. Quando seu clínico-geral lhe disse que ele estava sofrendo de depressão, Y reagiu com uma raiva totalmente incomum. Para ele, o sono é a causa de todos os seus problemas. Se ele não dorme bem, não pode estar em forma no dia seguinte. No entanto, ele admite que seus problemas afetam o humor e que muitas vezes fica "ruminando" idéias pessimistas à noite. O despertar pela manhã é difícil e ele sente vontade de dormir uma hora a mais. Em compensação, nos fins de semana acorda às 7h, sem ter o que fazer. Na falta de outras atividades, às vezes ele faz uma sesta de 45 minutos, que só piora a situação na noite seguinte. Y não sabe mais o que fazer, pois os hipnóticos não resolvem seu problema e ele tem medo de se acostumar com eles. Em algumas noites, toma um comprimido inteiro que o faz adormecer mais depressa, mas não impede que ele acorde às 4h da manhã.

Depois de consultar um especialista, Y passou a tomar um medicamento antidepressivo para melhorar seu sono e seu humor, considerado melancólico e persistente demais. Foi sugerido um diagnóstico de depressão, o qual Y resiste em aceitar, pois acha que tudo estava bem em sua vida e ele tem todos os motivos para ser feliz.

Depois de alguns dias, o tratamento com antidepressivos melhorou seu sono. O efeito sobre o humor demorou um pouco mais, aproximadamente duas semanas. Y afirma que se sente melhor e não acorda mais à noite. O tempo de sono aumentou progressivamente, e agora Y consegue dormir de seis a sete horas sem interrupção. A qualidade do despertar matinal também é melhor. O tratamento não causou efeitos colaterais, a não ser algumas reações de náusea presentes logo no início, e assim Y não foi obrigado a interromper seu trabalho. Ao contrário, agora que a confiança voltou, ele afirma que, junto com o sono, recuperou o desejo de trabalhar e de retomar uma atividade ainda mais intensa.

Quando não consigo dormir, estou sujeito à depressão?

Exceto nos casos de privação grave do sono, temporária ou crônica, nunca se comprovou que a falta de sono conduza à depressão. Aliás, às vezes, a privação de sono é usada para combater a depressão, pois tem efeito terapêutico antidepressivo.

A má qualidade do sono pode ser um sinal de depressão?

Sim. A insônia é um dos sintomas que acompanham freqüentemente a depressão, e, às vezes, é um dos primeiros a se manifestar. Geralmente, trata-se de uma insônia matinal com despertar precoce, abrupto e desagradável, por volta de 4h ou 5h da manhã, seguido de extrema dificuldade para voltar a dormir. Os episódios de despertar noturno são mais ou menos prolongados. Além disso, as noites podem ser abreviadas pela dificuldade de adormecer. Em outras formas de depressão, existe sonolência diurna e um aumento do tempo de sono durante o dia.

Durante uma depressão, os ciclos de sono ficam desregulados?

Os registros de sono das pessoas deprimidas mostram que, em alguns casos, o surgimento da primeira fase de sono paradoxal pode se antecipar bastante, ocorrendo 20 a 40 minutos depois do adormecimento, em vez de 90 minutos depois. Portanto, a depressão modifica a própria organização do sono, remanejando as fases de sono profundo e de sono paradoxal. Tudo acontece como se a depressão acelerasse, de maneira passageira e reversível, o processo de "envelhecimento" do sono.

73 O que é a "minidepressão de fim de semana" ou o "*blues* de domingo"?

Alguns homens de negócios estressados, diretores de empresa ou homens que passam a semana em hiperatividade profissional se sentem em estado quase letárgico nos domingos, quando cessa toda a agitação ao redor deles. Ficam melancólicos, desmotivados, lerdos, irritadiços, incapazes de se comunicar com as pessoas próximas, não fazem outra coisa a não ser dormir o fim de semana inteiro, antes de retomar um ritmo frenético na segunda-feira de manhã. Essas alterações de humor são muito rápidas – de 24 a 48 horas – e são acompanhadas por uma ruptura no ritmo biológico da semana, comparável ao efeito do *jet lag* ou de uma breve reação depressiva.

74 Quando chega o outono e os dias ficam mais curtos, eu me sinto pior, fico sonolento durante o dia, tenho vontade de comer doces, sinto melancolia constante, choro facilmente... Como explicar isso?

A "depressão sazonal", ou "transtorno afetivo sazonal", foi descrita por autores anglo-saxões sob o termo SAD ("triste", em inglês), sigla de *Seasonnal Affective Disorder* (transtorno afetivo sazonal). Trata-se de uma forma específica de transtorno do humor que ocorre no início do outono e pode se prolongar até a primavera. Os sintomas são os mesmos da depressão, geralmente associando sentimento de melancolia, crises de choro inexplicáveis, falta de vivacidade, sonolência e vontade de ficar na cama, além de apetite maior, muitas vezes com desejo de comer doces. Isso pode levar a um aumento de peso às vezes constante. Esses episódios podem se repetir todos os anos, durante várias semanas e até vários meses. São mais freqüentes nos países escandinavos do que em outros países, e sua ocorrência se explica pela diminuição da luz solar nas estações de outono e inverno. Assim, um tratamento à base de luz pode ser proposto para as pessoas afetadas por esse transtorno (ver "Fototerapia" no "Glossário").

O que é a serotonina?

A serotonina é um neurotransmissor que tem relação estreita com os sistemas de regulação do sono. É "fabricada" por neurônios de uma região do cérebro chamada "rafe". Tem função importante na regulação do humor e do sono, assim como de vários outros comportamentos, como o alimentar.

Qual o efeito dos antidepressivos sobre o sono?

Eles inibem algumas fases do sono, como por exemplo o sono paradoxal. Por muito tempo, esse efeito inibidor foi considerado responsável pela atuação antidepressiva dos medicamentos. No entanto, recentemente se descobriu que alguns antidepressivos não inibem o sono paradoxal, ao passo que outros medicamentos com essa propriedade não são antidepressivos.

75 A privação de sono pode ser um remédio eficaz contra a depressão?

Sim, em alguns casos foi possível comprovar que a privação de sono, seja completa (uma noite inteira) ou parcial (início ou fim da noite, sono profundo ou sono paradoxal), tem efeito benéfico sobre o humor, comparável ao dos antidepressivos, mas com atuação mais rápida. O inconveniente desse método é o efeito passageiro, já que geralmente desaparece assim que o paciente volta a dormir normalmente. No entanto, algumas experiências demonstraram que o sono pode ter efeito depressogênico (que mantém a depressão), e as insônias típicas em pessoas deprimidas podem ser uma reação do organismo para se adaptar ou lutar contra a depressão.

76 Em que consiste a fototerapia?

A fototerapia, ou luxterapia, consiste no uso da luz para tratar algumas afecções, sobretudo a "depressão sazonal". Há alguns anos, foi demonstrado que a luz exerce efeito benéfico sobre o humor, no caso da "depressão sazonal". O princípio da fototerapia consiste em administrar ao paciente uma dose forte de luz, a fim de provocar um efeito de ressincronização pelo avanço ou atraso da fase do sono. Esse tratamento foi aperfeiçoado principalmente nos países escandinavos, onde os dias são muito curtos no inverno e a intensidade luminosa é fraca.

A administração de luz pode ser realizada em casa, por meio de um aparelho especial. Geralmente, trata-se de um painel luminoso que pode ser colocado numa mesa. Às vezes, o aparelho é uma simples viseira luminosa, para que o usuário possa se deslocar durante a exposição. Trata-se de uma luz especial, que não contém raios ultravioletas ou infravermelhos potencialmente perigosos para a vista. A luz, portanto, é branca, e o aparelho não emite calor. A intensidade em *lux* varia conforme os modelos de lâmpadas propostos pelos fabricantes, mas situa-se geralmente entre 5 mil e 10 mil *lux*. Esse tratamento é precedido por um exame oftalmológico nas pessoas que sofrem de afecções nos olhos. A exposição costuma ocorrer de manhã cedo ("depressão sazonal" ou síndrome de atraso da fase do sono), durante 30 a 60 minutos, em virtude da intensidade da lâmpada e dos sintomas apresentados pela pessoa. O tratamento dura de duas a quatro semanas, em média, às vezes mais, de acordo com a melhora clínica constatada. Durante a exposição, pede-se à pessoa que se sente perto da lâmpada (a cerca de um metro de distância) e olhe para a fonte luminosa, desviando o olhar quando necessário.

RONCO E APNÉIAS DURANTE O SONO

77 Por que as pessoas roncam?

O ronco é o som emitido durante a passagem da corrente de ar, causando vibração nas partes moles da região do pescoço, especialmente o véu do palato, a "campainha" e as paredes da faringe.

O excesso de peso costuma ser um fator agravante do ronco, pois nos homens costuma ocorrer concentração de gorduras na região do pescoço e da garganta. No entanto, algumas pessoas que roncam têm peso normal, e, às vezes, são magras. Nesse caso, o ronco se deve a fatores anatômicos, como a posição do queixo (queixo recuado), língua muito espessa, forma do palato, da "campainha", do véu e tamanho excessivo das amígdalas.

Roncar pode ser um problema hereditário?

Não existe um "gene do ronco". No entanto, algumas características, especialmente as anatômicas (posição do queixo, tamanho da língua, forma do palato e do véu do palato, permeabilidade das narinas), podem ser hereditárias e favorecer o ronco, o que explica por que várias pessoas da mesma família podem apresentar esse sintoma.

O ronco é perigoso para a saúde?

Atualmente, não se considera que roncar de maneira isolada (isto é, sem a presença de outros fatores de risco) represente um perigo para a saúde. Nesse caso, o ronco não exige tratamento sistemático e nenhuma operação é necessária. No entanto, em alguns casos, o ronco representa um verdadeiro problema para as pessoas próximas, por causa da intensidade sonora.

Algumas posições favorecem o ronco?

Sim, sobretudo a posição de costas para baixo. Ela aumenta o efeito da pressão atmosférica na região do pescoço e da garganta, criando mais resistência à passagem da corrente de ar pelo "funil" da faringe. Algumas pessoas param completamente de roncar em posição lateral, do lado direito ou esquerdo, ou de barriga para baixo. Existem tratamentos para o ronco posicional. O mais fácil consiste em costurar uma bola de tênis nas costas do pijama, para que a pessoa afetada se sinta desconfortável e não durma de costas para baixo.

Qual a intensidade de seu ronco?

Para medir a intensidade de seu próprio ronco, responda com "sim" ou "não" a cada uma das perguntas abaixo:

- Você ronca mais de uma vez por semana?
- Você ronca todas as noites?
- Você ronca durante mais da metade da noite?
- Seu parceiro ou parceira dorme com protetores auditivos ou em quarto separado?

- Seu ronco pode ser ouvido em outro aposento da casa, mesmo quando a porta está fechada?
- Você ronca em todas as posições?
- Você ronca sentado numa poltrona ou em um meio de transporte coletivo?
- Você ronca mesmo depois de uma refeição leve, pobre em gorduras e proteínas?
- O consumo de álcool à noite agrava seu ronco?
- Você pára de respirar depois de cada ronco?
- Você escuta seu próprio ronco e acorda à noite por esse motivo?
- Sua boca costuma ficar seca durante a noite?
- Às vezes, seu travesseiro está molhado de saliva ao se levantar?

3 "SIM" OU MENOS: você ronca ocasionalmente;
DE 3 A 5 "SIM": você ronca moderadamente;
MAIS DE 6 "SIM": você tem um problema sério de ronco.

Não existem casos nos quais o fato de roncar é sintoma de uma doença mais grave?

O ronco isolado provoca incômodo sonoro, mas não é perigoso para a saúde. Por outro lado, quando o ronco é associado a outros fatores de risco como excesso de peso, doença cardíaca, hipertensão arterial, diabetes, insuficiência respiratória ou tabagismo grave, convém consultar um médico para verificar se o ronco tem relação com a síndrome da apnéia do sono. Se for o caso, é preciso começar um tratamento que dependerá do número e da gravidade das apnéias.

78 Emagrecer contribui para diminuir a intensidade do ronco?

Sim. Em alguns casos, a redução ponderal pode ser suficiente para eliminar o ronco. Em todos os pacientes, seja qual for a solução escolhida, perder peso tem efeito benéfico sobre o ronco. Outras regras de higiene são aconselháveis, tais como refeições leves à noite, evitar bebida alcoólica e à base de cafeína (refrigerantes, chá, café) à noite, parar de fumar, dormir de lado, não dormir em quarto excessivamente aquecido, umedecer o aposento. O uso de um *nasal strip* também pode ser útil.

Existem medicamentos contra o ronco?

Medicamentos "anti-ronco" estão sendo desenvolvidos atualmente. Alguns já são comercializados nos Estados Unidos, mas sua eficácia não foi comprovada.

Em que consiste a "operação do ronco"? Ela é dolorosa?

Essa operação cirúrgica serve para reduzir o tamanho da "campainha" e do véu do palato e/ou aumentar a permeabilidade nasal.

O tratamento cirúrgico causa dores que permanecem alguns dias depois da intervenção. A dor se assemelha a uma dor de garganta grave e pode durar cerca de uma semana.

É preferível a cirurgia clássica ou a "laser"?

As duas técnicas têm o mesmo objetivo, que é o de retirar o excesso de tecidos responsáveis pela obstrução (apnéias) ou pelo ronco. A primeira elimina o tecido por ablação mecânica, a segunda cria uma lesão que se retrairá em seguida. O inconveniente das duas técnicas é que elas agridem a mucosa superficial, o que pode causar dores. O cirurgião sugere a técnica mais adequada para cada caso. A anestesia pode ser local ou geral, conforme a preferência do cirurgião ou o estado de saúde do paciente.

O que é a sonoplastia, ou "termoablação por radiofreqüência"?

Essa técnica recente (de 1996) parece sedutora, pois é pouco traumática e dolorosa. Os tecidos são destruídos por meio de uma agulha instalada na região a ser tratada, que age segundo o princípio do forno microondas: a agulha emite radiação de baixa freqüência que aquece os tecidos circundantes: estes ficam lesados e depois são eliminados em forma de fibrose. Dessa forma, o volume total do véu do palato é diminuído, mas os tecidos vizinhos ficam perfeitamente ilesos. O inconveniente dessa técnica, ainda recente, é sobretudo o preço (devido ao preço da própria agulha) e a avaliação ainda limitada dos casos já tratados. A facilidade de aplicação (anestesia local) deve contribuir para seu aperfeiçoamento nos próximos anos.

AS APNÉIAS DURANTE O SONO

79 O que é uma apnéia no sono?

A apnéia é um evento respiratório que ocorre durante o sono. Na maioria dos casos, ela se justifica por causa da obstrução das vias aéreas superiores, causada pelo relaxamento durante o sono dos músculos da faringe (músculos do pescoço). Esse relaxamento se torna então um obstáculo intransponível para a corrente de ar, e isso apesar do esforço de luta na região torácica e abdominal.

A apnéia pode durar alguns segundos ou até ultrapassar a barreira de um minuto, nos casos graves, terminando por uma retomada inspiratória ruidosa e um despertar breve, do qual geralmente não se guarda nenhuma lembrança. Às vezes, o obstáculo pode ser transposto, mas reduz a passagem da corrente de ar em pelo menos 50%. Fala-se então em "hipopnéia".

As apnéias também podem ser causadas por uma anomalia do controle respiratório, no nível cerebral. Fala-se então em "apnéias centrais". Por fim, quando os dois componentes, obstrutivo e central, estão presentes durante o mesmo evento respiratório, fala-se em "apnéia mista".

Nos casos graves, as apnéias se repetem a noite toda, impedindo o sono profundo, pois obrigam o cérebro a acordar depois de cada pausa respiratória.

O caso de W, homem de 55 anos

W sofre de sonolência excessiva durante o dia, além de apresentar roncos e paradas respiratórias à noite. Ele decidiu se submeter a um exame em um laboratório de sono.

O hipnograma abaixo representa o sono desse paciente. Trata-se da primeira noite no laboratório. O gráfico revela que o paciente adormece depressa, mas os momentos em que ele desperta (cada um deles representado por um traço branco) são tão freqüentes que o sono profundo e até o sono paradoxal se tornam inviáveis. Esse paciente dorme unicamente em sono leve. Seu tempo total de sono é menor e a qualidade de seu sono é muito prejudicada.

Hipnograma de um paciente apnéico grave

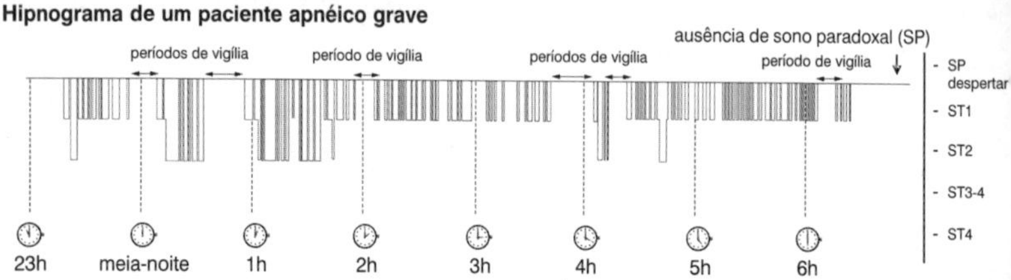

Este hipnograma mostra um sono desestruturado, fragmentado por várias fases de vigília. A arquitetura do sono (sucessão dos diferentes estágios, de 1 a 4) não é mais visível. O sono paradoxal (SP) está ausente, assim como o sono profundo (estágio 4). Só os estágios 1 e 2 são identificáveis. A ocorrência de apnéias impede que o sono seja profundo e acorda o doente em vários momentos da noite.

Por que é preciso dizer "apnéia" no plural?

A apnéia raramente acontece de maneira isolada. É a repetição desses eventos durante o sono que os torna grave. Fala-se em "síndrome de apnéias durante o sono" quando são registradas mais de dez apnéias por hora de sono. Quando essas apnéias são principalmente do tipo obstrutivo, fala-se em "síndrome da apnéia obstrutiva do sono", ou SAOS.

As apnéias são perigosas para a saúde?

Não, quando se trata de fenômenos isolados. Quando ocorrem mais de dez apnéias a cada hora de sono, os especialistas concordam que existe um risco, ou pelo menos alguma repercussão para a saúde. Pode tratar-se de transtornos da memória, falta de concentração, dificuldades de atenção, sonolência, irritabilidade, variações de humor etc. No caso de mais de 30 apnéias a cada hora de sono, o risco para a saúde é então estabelecido, principalmente o risco de morte por doenças cardiovasculares (hipertensão arterial, arritmia etc.), já que o coração é obrigado a trabalhar mais, assim como se estabelece riscos de acidentes ao volante (caminhão, automóvel ou motocicleta). Nesses casos, o tratamento é absolutamente necessário.

Quais fatores aumentam o risco de apnéias durante o sono?

Ser do sexo masculino, ter acima de 40 anos de idade, apresentar excesso de peso, deitar-se com as costas para baixo, consumir álcool e bebida à base de cafeína (sobretudo à noite), fumar tabaco, usar medicamentos hipnóticos ou tranqüilizantes são fatores que aumentam o risco de apnéias durante o sono.

Pode-se morrer durante uma apnéia?

Em princípio, não. É a repetição das apnéias durante a noite que constitui a gravidade dessa síndrome. Uma apnéia isolada a cada hora de sono não é considerada incomum. Mas calcula-se que, a partir de dez apnéias por hora de sono, o risco para a saúde é real.

80 A própria pessoa consegue perceber que sofre de apnéias durante o sono?

Uma pessoa teria muita dificuldade para fazer seu próprio diagnóstico de apnéias, e de forma alguma poderia contar quantas vezes elas se repetiram.

Às vezes, algumas pessoas relatam a sensação de bloqueio respiratório ou asfixia durante o sono. Mas esses sintomas são raramente mencionados por pacientes que, no entanto, sofrem de muitas apnéias durante a noite. Talvez essas sensações de bloqueio respiratório sejam reações breves de ansiedade, sensações experimentadas durante o sono por pacientes ansiosos, sujeitos a verdadeiros ataques de pânico, pessoas que se despertam em estado de opressão e/ou confusão. Geralmente, esse quadro não tem relação com as apnéias.

Por outro lado, existem sinais indiretos da SAOS que o próprio paciente pode perceber: sensação de boca seca, desejo de beber à noite, necessidade de ir ao banheiro várias vezes por noite, transpiração, salivação no lençol ou travesseiro. Além disso, a sonolência matinal e dores de cabeça e muscular ao despertar são outros sintomas importantes.

Como fazer um diagnóstico das apnéias?

São as pessoas próximas que costumam dar o alerta – geralmente, o parceiro ou parceira que se preocupam com essas pausas da respiração, ocorridas várias vezes por noite. São eles que geralmente sugerem uma consulta ao médico.

O diagnóstico se baseia sobretudo em um exame clínico que deve ser feito pelo clínico-geral e inclui obrigatoriamente a consulta a um ORL (otorrinolaringologista). Este analisa o tamanho da "campainha", do véu do palato, das amígdalas, da base da língua. A ilustração abaixo mostra, à esquerda, uma região de tamanho normal e, à direita, a mesma região obstruída por um véu do palato alongado, uma "campainha" espessa, a base da língua espessa.

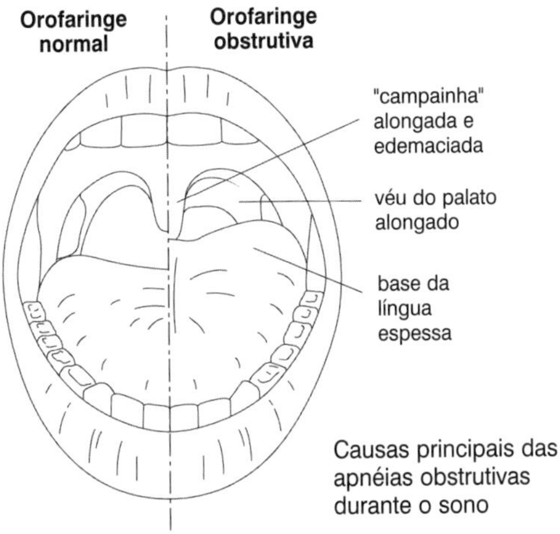

A parte esquerda da ilustração mostra uma orofaringe normal. O espaço aéreo é desobstruído entre a base da língua, a "campainha" e o véu do palato. Na parte direita da ilustração, as várias estruturas anatômicas têm tamanho maior, obstruindo a passagem do ar. Durante o sono, essa obstrução pode ser completa, causando a interrupção momentânea da respiração, ou apnéia.

Num segundo momento, o diagnóstico pode ser ou não confirmado por meio de um exame do sono, realizado num laboratório de sono por meio de sensores respiratórios e eletrodos dispostos pelo corpo do paciente. As indicações fornecidas por esse exame permitem contar o número de apnéias durante a noite, determinar sua duração, seu tipo, avaliar suas conseqüências sobre o sono, o coração e a freqüência cardíaca, e o oxigênio no sangue. Essas informações são essenciais antes de dar início a qualquer tratamento.

81 Qual é o tratamento para a síndrome da apnéia obstrutiva do sono?

O tratamento consiste sobretudo na higiene do sono e na luta contra os fatores que favorecem as apnéias. A obesidade é o fator mais importante que se deve combater, pois as apnéias têm relação estreita com o excesso de peso. Em alguns casos, emagrecer dez quilos leva a uma melhora significativa. Em uma primeira fase, essa redução ponderal pode ser proposta isoladamente em algumas pessoas, ou associada a um tratamento de "ventilação por pressão positiva contínua" (VPPC), quando os efeitos benéficos da perda de peso não são suficientes de imediato. Sempre é recomendável evitar os fatores agravantes (consumo de álcool à noite, medicamentos hipnóticos, tabaco etc.).

Ouvi falar num aparelho que sopra o ar por meio de um tubo e uma máscara nasal...

Esse aparelho é indicado para pessoas que sofrem da síndrome das apnéias do sono, depois do diagnóstico baseado em uma noite de exame em laboratório de sono. Quando o número e a gravidade das apnéias (em geral, mais de 30 apnéias por hora de sono, às vezes menos) são considerados elevados, o tratamento que dá resultados mais rápidos é o da "ventilação por pressão positiva contínua" (VPPC).

Esse tratamento consiste em insuflar o ar atmosférico (não oxigênio) por meio de uma máquina, um tubo e uma máscara nasal, sob determinada pressão. O ar insuflado durante o esforço respiratório mantém abertas as vias aéreas superiores durante o sono, suprimindo assim as apnéias. O efeito é imediato desde a primeira noite de uso da máscara. A duração do sono profundo e do sono paradoxal têm aumento espetacular com o desaparecimento das apnéias.

Hipnograma de W, desde a primeira noite de adaptação à máscara e ao aparelho de VPPC (ver p. 232). A respiração é controlada por uma máquina que, insuflando o ar ambiente a uma pressão determinada, impede o fenômeno do fechamento das vias aéreas superiores.

Hipnograma do mesmo paciente sob tratamento por ventilação noturna com máscara

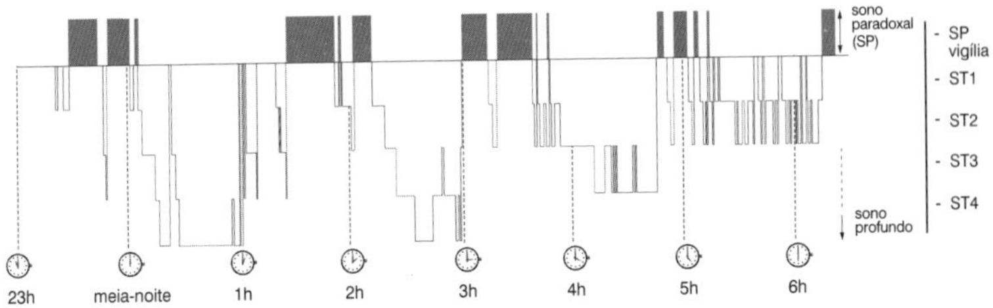

O tratamento de "ventilação por pressão positiva contínua" proporciona, desde a primeira noite, uma retomada espetacular de todos os estágios de sono. O sono paradoxal parece finalmente "liberado", graças à eliminação das apnéias, ocorrendo de modo incomum desde o início da noite e de maneira prolongada (fenômeno de rebote). O sono profundo reaparece também de modo espetacular. Alguns momentos de vigília persistem no final da noite, mas o despertar final é obtido depois de uma fase de sono paradoxal. A aplicação da máscara e o aparelho provocaram uma melhora instantânea e extremamente significativa das apnéias obstrutivas nesse paciente, que recuperou imediatamente um sono de qualidade satisfatória.

A máscara e o aparelho devem ser usados em todos os períodos de sono?

Sim, de preferência, e até nos momentos de sesta, quando possível. O uso contínuo da máscara é a melhor maneira de garantir a eficácia do tratamento. Deixar de usar a máscara é se expor de novo e imediatamente ao risco de apnéias, a não ser em alguns casos nos quais a perda de peso foi suficiente.

É possível levar a máquina em uma viagem?

As máquinas atuais são muito ergonômicas, compactas, e podem ser transportadas numa valise adequada. Os funcionários da alfândega se acostumaram com esse tipo de aparelho, e você pode levá-lo sem problemas nas férias ou em uma viagem de negócios. Ele funciona por corrente elétrica ou bateria.

Existem outros recursos além do tratamento por máscara e aparelho?

Existe um certo tipo de aparelho odontológico usado nos períodos de sono que, em alguns casos, evita o incômodo da máscara. Essas próteses são feitas por especialistas em ortodontia, depois do parecer de um especialista em transtornos do sono. No entanto, sua eficácia é irregular, e, às vezes, elas causam desconforto.

Qual é a importância dos medicamentos?

No momento atual, não existe tratamento medicamentoso contra a síndrome da apnéia obstrutiva do sono. Por outro lado, medicamentos como tranqüilizantes ou alguns hipnóticos podem agravar uma síndrome de apnéias preexistente.

A cirurgia maxilo-facial é uma alternativa para o tratamento por VPPC?

Trata-se de uma cirurgia pesada, reservada para casos muito específicos, como as síndromes de apnéias graves em pacientes que rejeitam ou não toleram o aparelho. O tratamento cirúrgico por avanço mandibular permite corrigir algumas falhas de posição (queixo recuado), aumentando, assim, o espaço aéreo por trás da língua. A cirurgia da língua, que consiste em reduzir a base da língua, também pode ser útil.

capítulo 5

O sono do idoso

SONO E ENVELHECIMENTO

82 Normalmente, o sono piora com a idade?

O envelhecimento é um processo biológico natural que também afeta o sono. Esse fenômeno, que os autores anglo-saxões chamam de "*the graying of sleep*", isto é, "o sono quando fica grisalho", acontece progressivamente. O envelhecimento torna o sono mais frágil, mesmo nas pessoas que gozam de boa saúde. As queixas referentes ao sono aumentam de 20% a 30% nas pessoas idosas, em comparação com os adultos mais jovens. O aumento da expectativa de vida leva, cada vez mais, as pessoas idosas, às vezes bem idosas, a se consultarem sobre o próprio sono.

Quais são os transtornos do sono mais freqüentes nos idosos?

A dificuldade de adormecimento pode ocorrer progressivamente, mesmo nas pessoas que costumavam adormecer rapidamente em sono profundo. O sono se torna mais leve, mais frágil, e o menor ruído (buzina, arranque de um automóvel, telefone dos vizinhos etc.) pode causar o despertar. Torna-se, então, cada vez mais difícil adormecer depois de um despertar noturno, levando os períodos de insônia a se prolongar. Esse "déficit de sono" costuma se manifestar durante o dia: os idosos adormecem facilmente lendo o jornal ou vendo televisão.

As queixas mais freqüentes dos idosos a respeito de seu sono

- Dificuldades de adormecimento e manutenção do sono.
- Despertar matinal precoce, com dificuldade para voltar a dormir.
- Sono sem efeito repousante.
- Sonolência excessiva diurna.
- Transtornos do comportamento durante o sono e durante a noite.

83 Quais são as modificações do sono que ocorrem normalmente com a idade?

As principais modificações afetam a duração do sono. Esta diminui, ao passo que a freqüência do despertar noturno aumenta. O sono profundo também diminui consideravelmente e, em menor escala, o sono paradoxal. Os ritmos biológicos dos principais hormônios como a cortisona, a melatonina, os hormônios tireoidianos são modificados, assim como o ritmo da temperatura e das principais catecolaminas. A diminuição da amplitude desses ritmos explica a freqüência maior do despertar noturno entre idosos.

A qualidade do sono tem relação com a conservação das capacidades intelectuais?

Cientistas que estudaram doenças degenerativas, como o mal de Alzheimer, tentaram descobrir uma relação entre a diminuição das funções intelectuais e a qualidade do sono. Foram encontradas fortes semelhanças entre a qualidade do sono (quantidade de sono profundo, eficácia do sono, quantidade de sono paradoxal) e a avaliação do funcionamento intelectual e cognitivo. Esses resultados mostraram que, no mal de Alzheimer, a alteração do sono evoluía paralelamente ao declínio das faculdades mentais.

Pessoas idosas podem dirigir sem problemas?

O risco de sonolência pode ser maior nos idosos. Sobretudo quando precisam percorrer longas distâncias, esse risco tem de ser levado em conta. Certamente, a sonolência causa muitos acidentes de trânsito. O risco é ainda maior quando ela se associa ao enfraquecimento de outras funções sensoriais.

Existe uma relação entre os transtornos do sono e o risco de quedas?

Pesquisas mostram que as quedas ocorrem com mais freqüência durante o dia, mas as quedas noturnas são mais graves. Parece que, à noite, as reações de proteção diante das quedas são menos adequadas do que de dia. As quedas são muito mais freqüentes em pessoas que se queixam de transtornos do sono.

Uma pesquisa realizada em um lar de idosos mostrou que 70% das mulheres que se queixavam de transtornos do sono tinham sido vítimas de quedas, contra apenas 42% das mulheres que dormiam bem.

PROBLEMAS DE SAÚDE E SONO

84 Meus problemas de saúde podem afetar meu sono?

Às vezes, é difícil distinguir entre o sono que "envelhece" naturalmente e o sono afetado por problemas de saúde. Muitos problemas de saúde podem interferir no sono e torná-lo mais frágil (despertar noturno mais freqüente). É o caso, por exemplo, das dores de qualquer tipo (artrite, dores articulares ou ósseas), desconforto causado pela mobilidade reduzida, cãibras ou pontadas nas pernas, problemas neurológicos, como o formigamento nos membros ou sensações de ardor. As doenças cardiovasculares também podem contribuir para essa fragilização do sono. As dores da angina de peito são mais freqüentes à noite, e podem ocorrer durante o sono paradoxal. O desejo freqüente de urinar, a tensão sobre a bexiga, as micções imperiosas causam desconforto que pode levar ao despertar noturno. Transtornos respiratórios como as apnéias durante o sono também estão em primeiro plano na deterioração do sono em idosos, e suas ocorrências devem ser observadas constantemente.

O caso de Z, mulher de 69 anos

Este ano minha mãe fez 69 anos. Ela se queixa de que não consegue adormecer por causa de formigamentos e sensação de ardor nas pernas. Não suporta nenhum contato com os lençóis, nem com o pijama. Tenta sacudir as pernas para se livrar dessa sensação. Às vezes, ela se levanta e caminha dez minutos pelo apartamento antes de voltar para a cama. Conta que essas sensações são muito incômodas, pois acontecem quase toda noite.

Essa síndrome consiste em uma sensação desagradável ou dolorosa nos membros inferiores. A pessoa tem a impressão de ser picada por milhares de agulhas, ou sente que insetos rastejam sob sua pele. A sensação ocorre sobretudo em posição horizontal. Pode ser aliviada por meio de movimentos voluntários (caminhada) ou com alguns medicamentos.

MODIFICAÇÕES CIRCADIANAS OU CRONOBIOLÓGICAS

85 O que é o "avanço da fase do sono"?

Já dissemos que os adolescentes podem sofrer de "atraso da fase do sono". As pessoas idosas modificam seus ritmos no sentido inverso, com tendência a se deitar cedo, geralmente antes das 21h, e acordar cedo, às vezes antes das 5h da manhã. Esse avanço pode ser mantido ou agravado em pessoas de mobilidade reduzida, que são colocadas na cama muito antes do horário de dormir ideal. Uma vez que os ritmos circadianos são regulados pelos sincronizadores sociais, ir para a cama muito cedo só pode piorar essa tendência natural.

Além disso, os avanços de fase têm o inconveniente de limitar as relações sociais e aumentar o tempo que se passa na cama sem dormir. Causam o despertar matinal precoce e um desconforto a mais para as pessoas de mobilidade reduzida, que precisam esperar horas antes de serem levantadas e instaladas mais confortavelmente para o dia.

O que é a "síndrome do pôr-do-sol", ou "*sundowning*"?

Alguns idosos que sofrem de depressão ou doenças degenerativas (Alzheimer) experimentam um momento de excitação antes de dormir, durante o cair da noite e/ou na hora do jantar. Essa síndrome se manifesta sob a forma de uma agitação ansiosa, um vaivém desordenado, que pode ser mais grave quando existe frustração causada por um jantar não de todo agradável, interações sociais decepcionantes ou ausência de manifestações da família (telefonemas, visitas etc.). Esse estado pode ser comparado a uma breve alteração circadiana.

A INFLUÊNCIA DAS DOENÇAS NEUROLÓGICAS SOBRE O SONO

86 É verdade que algumas doenças neurológicas podem modificar o sono?

O caso de K, homem de 68 anos

Meu tio, de 68 anos de idade, sofre há nove anos do mal de Parkinson. Às vezes, ele acorda à noite sem saber onde está, fica andando no apartamento, parece alucinado ou aterrorizado por visões estranhas. Recentemente, agrediu minha tia durante o sono, achando que se defendia de um assaltante.

Muitas vezes, o aparecimento súbito ou agravamento dos transtornos do sono pode indicar um problema neurológico nos idosos. As parassonias são possíveis durante a evolução de algumas doenças neurológicas degenerativas, como o mal de Parkinson ou o mal de Alzheimer. Podem ser acessos de sonambulismo, os quais, às vezes, se complicam com o paciente apresentando transtornos de comportamento, o que costuma ocorrer quando ele se sente agredido ou ameaçado, reação que, por sua vez, normalmente resulta de alucinações. Esse quadro pode ser agravado pelo uso de medicamentos que agem principalmente sobre o cérebro.

87 Existem parassonias típicas da idade avançada?

Às vezes, é difícil distinguir entre um acesso de sonambulismo e uma parassonia ocorrida durante o sono paradoxal, chamada "transtorno do comportamento durante o sono paradoxal". Este afeta sobretudo pessoas que sofrem de doenças neurológicas. Ao contrário do sonambulismo clássico, que ocorre na fase de sono lento e profundo, os transtornos se dão na fase de sono paradoxal. A alteração de alguns mecanismos neurológicos conserva o tônus muscular, geralmente ausente durante as fases de sonho. A pessoa começa então a "representar" seu sono. Isso explica a violência constatada durante alguns acessos. A pessoa pode se debater na tentativa de se salvar ou fugir, pode se machucar chocando-se contra os móveis, caindo de uma janela ou da escada, e, às vezes, pode ferir as pessoas próximas.

Principais causas de agitação noturna nas pessoas idosas

Agitação recente:

- Mudança de ambiente (quarto, instituição, vizinhança)
- Delírio (medicamentos, estado mental etc.)
- Estresse ocasional (doença, luto)

Agitação crônica:

- Demência
- Depressão
- Ansiedade

- Ataque de pânico
- Apnéias no sono
- Medicamentos

Fatores predisponentes:

- Ambiente (luz, objetos insólitos, limitações físicas)
- Isolamento sensorial, visual, auditivo, corporal, social
- Enurese noturna
- Dores noturnas
- Cuidados noturnos repetidos
- Medo do escuro
- Fome à noite

SONO E MEDICAÇÃO

88 O *nursing* é um fator que agrava as insônias dos idosos?

As intervenções das equipes de plantão durante a noite (*nursing*) servem para melhorar o conforto das pessoas acamadas e tomar as providências ou cuidados necessários (pressão arterial, pulso, temperatura etc.). O inconveniente disso tudo é acordar o idoso. Quando isso acontece várias vezes por noite, o resultado pode ser uma insônia crônica. É necessário reduzir as intervenções ao mínimo a fim de preservar o sono dessas pessoas, que já é frágil.

Quais são os inconvenientes de jantar muito cedo?

Uma refeição leve no final da tarde ou no início da noite pode ser insuficiente para cobrir o período noturno. Por isso, algumas pessoas idosas sofrem de hipoglicemias à noite, às vezes grave. Para evitar esses acidentes, um lanche pode ser sugerido antes de dormir. Também é aconselhável retardar a hora de ir para a cama. Por outro lado, em alguns casos, um copo de leite quente facilita o adormecimento.

Nos idosos inválidos e hospitalizados, é preciso lutar contra...

- O enfraquecimento dos sincronizadores naturais (exposição à luz, atividade física etc.).
- O enfraquecimento dos sincronizadores sociais (encontros, visitas dos parentes, refeições comunitárias etc.).
- O avanço da fase dos ritmos vigília/sono (deitar-se muito cedo, refeições precoces).
- Falta de estímulos da vigília (isolamento, solidão, sonolência).
- Falta de estímulos cognitivos e intelectuais (esforço intelectual, memória).
- Mobilidade reduzida (escaras, ausência de atividade física).
- Horários muito próximos dos cuidados médicos (cuidados à noite, vigilância do paciente).

O caso de M, mulher de 81 anos

Minha tia-avó, de 81 anos de idade, vive num lar de pessoas idosas há cinco anos. Sua mobilidade é muito reduzida. As pessoas que cuidam dela a levam para a cama por volta das 19h15, pois deixam o serviço às 20h. Ela recebe um hipnótico por volta das 19h45, mas nunca adormece antes das 22h. Não pode ler nem ver televisão, pois tem medo de incomodar a vizinha, que, por sua vez, ronca ruidosamente a noite toda. Não consegue se levantar sozinha, pois tem medo de cair. Sua cama é alta e estreita demais, e, além disso, desconfortável por causa do revestimento de plástico. Ainda por cima, a campainha fica tão longe que é impossível tocá-la, mesmo que ela tivesse coragem de chamar a pessoa de plantão. Durante duas noites, a luz ficou acesa. Ela afirma que permanecer essas horas na cama é algo muito desagradável, tanto no plano físico quanto psicológico.

Aqui, todas as condições que prejudicam o adormecimento estão reunidas. Condições de estresse, causadas pelo ambiente (ruído, medo de incomodar, cama desconfortável), desconforto físico (cama inadequada, auxílio pouco acessível), horário de dormir incompatível com o adormecimento, pois ocorre muito cedo, uso inútil e até perigoso de hipnóticos, pois pode provocar uma queda ou um momento de confusão mental, ausência de um período de relaxamento que permita a transição entre a vigília ativa do dia e o sono da noite, e, por fim, ausência de tranqüilidade e conforto psicológico, para que a pessoa tenha a certeza de receber ajuda, se necessário, inclusive de maneira mais sistemática e atenciosa.

OS HIPNÓTICOS

89 Os idosos devem limitar o uso de hipnóticos?

A prescrição sistemática de hipnóticos em um hospital, em um lar de idosos ou em um centro de convalescença não é aconselhável, por causa do risco de os pacientes se acostumarem à substância, mas também por causa dos efeitos colaterais que eles causam, como a confusão e o risco maior de eventuais quedas.

Algumas pessoas idosas tomam hipnóticos diariamente há muitos anos, às vezes mais de dez ou 15 anos. Pode ser muito difícil convencer essas pessoas a abandonar assim de repente seus medicamentos, ainda mais quando usam várias substâncias para dormir. Por isso, essas pessoas deveriam consultar um médico que as auxilie a diminuir progressivamente o uso diário de hipnóticos, até chegar a uma dose mínima e eficaz ou à interrupção completa do uso. Isso se torna mais fácil com a aplicação de medidas de higiene do sono e de princípios cronobiológicos, respeitando os ritmos de cada pessoa. A diminuição ocorre progressivamente, reduzindo as doses de acordo com a programação recomendada pelo médico, a fim de evitar o risco da "retomada da insônia".

Alguns conselhos para conservar um bom sono em idade avançada:

- Mantenha uma atividade física e intelectual durante o dia.

- Mantenha contatos sociais diariamente.
- Evite horários muito limitados ou muito rígidos.
- Mantenha ou providencie uma exposição regular à luz do dia, especialmente de manhã.
- Valorize as transições luminosas e a alternância dia/noite (luz intensa, luz suave).
- Evite reforçar a tendência natural para a avanço da fase (dormir cada vez mais cedo, despertar matinal).
- Evite o uso sistemático ou prolongado de hipnóticos. Se necessário, tome-os de maneira espaçada: por exemplo, uma vez a cada três dias.
- Pratique o relaxamento ou a descontração antes de dormir.
- Adapte o ambiente de sono (cama, luz, temperatura, acesso ao banheiro etc.).
- Respeite os ritmos vigília/sono no caso de vida em comunidade.
- Evite sestas prolongadas durante o dia, ou limite as sestas para cerca de uma hora.
- Pratique uma atividade física moderada, no final da tarde ou duas a três horas antes de dormir (movimentos de alongamento, ginástica suave).
- Evite o café e os estimulantes seis horas antes de dormir.
- Procure tratar qualquer doença que possa afetar o sono: dor, infecção urinária, apnéias e qualquer depressão ou doença neurológica evolutiva.

A DEPRESSÃO

90 Como tratar a insônia relacionada com a depressão em idosos?

A depressão, no contexto de uma redução prévia de várias funções intelectuais ou motoras, pode passar despercebida em um idoso. Ela pode se instalar progressivamente, ao longo de semanas ou meses, e piorar ainda mais a retração, introspecção e isolamento dessas pessoas. Pode se complicar com transtornos do comportamento: irritabilidade, intolerância à frustração, reações emocionais excessivas ou crises de choro.

Em alguns casos, a depressão causa principalmente insônia, assim como transtornos alimentares (perda de apetite, às vezes até desnutrição). Pode ser desencadeada por falecimentos, distância da família, mudança para longe de casa, negligência e, às vezes, maus-tratos. Os medicamentos antidepressivos não são suficientes para curar a depressão. O tratamento deve combinar apoio físico, corporal (fisioterapia), psicológico e comportamental, em função das necessidades da pessoa e das possibilidades de acompanhamento. O tratamento deve ter início o quanto antes, para limitar as complicações causadas pela doença.

A fototerapia também é útil para pessoas idosas?

A luz natural é um sincronizador muito poderoso. Passeios à luz do dia, caminhadas matinais ou à tarde garantem uma boa exposição luminosa. No inverno, ou quando as caminhadas são impossíveis, principalmente onde o frio é bem rigoroso, o recurso à fototerapia pode ser indicado em alguns casos e sob prescrição médica. A luz é emitida por um aparelho de fototerapia. Esse aparelho não toma muito espaço, pode ser colocado em uma mesa, não emite calor e produz uma intensidade luminosa que varia entre 5 mil e 10 mil *lux*. Nos casos de síndrome de avanço da fase do sono, a exposição deve ocorrer de preferência no final da tarde. Dessa forma, é possível retardar o horário de dormir, e, portanto, também o do despertar matinal.

Exposição à luz, um trunfo para a qualidade do sono

O tratamento por fototerapia pode apresentar excelentes resultados em idosos. Uma pesquisa demonstrou que idosos com alteração de suas faculdades mentais se expunham menos à luz do dia (menos passeios, isolamento maior etc.) e tinham mais dificuldade para dormir bem.

O caso de N, mulher de 79 anos

Minha avó, de 79 anos de idade, começou a tomar um medicamento antidepressivo, pois ela se queixava de tristeza e de não sentir interesse por nada. Seu estado de espírito melhorou um pouco, mas ela afirma que não consegue mais dormir à noite, desde o início do tratamento.

Algumas insônias podem ser causadas pelo uso de medicamentos. Geralmente, os antidepressivos favorecem o sono, mas alguns deles têm perfil mais estimulante, e, em alguns casos, o efeito colateral pode ser a insônia. Muitos outros medicamentos podem ser responsáveis pela insônia, não apenas os psicotrópicos (ansiolíticos, antidepressivos, hipnóticos etc.), mas também medicamentos mais comuns como anti-hipertensivos, antidiabéticos, corticóides, antiparkinsonianos, antiarrítmicos etc. Os diuréticos podem ter efeito indireto, aumentando o número de micções à noite, o que interrompe o sono. Alguns colírios oculares ou soluções nasais de efeito generalizado podem conter substâncias estimulantes. O caso dos hipnóticos é especial. A interrupção abrupta de seu uso pode causar o agravamento temporário da insônia, chamado "insônia rebote".

Substâncias inimigas do sono

- Álcool, tabaco, cafeína (café, refrigerantes e chás)
- Alguns anti-hipertensores
- Alguns antidepressivos
- Alguns antiparkinsonianos
- Antiarrítmicos
- A retirada de hipnóticos (durante o período de abstinência)
- Descongestionantes nasais
- Esteróides
- Estimulantes
- Hormônios tireoidianos
- Diuréticos e antidiabéticos (efeito indireto)

A DHEA modifica o sono?

A DHEA (ou dehidroepiandrosterona) é um hormônio esteróide segregado pelas glândulas supra-renais. É um componente essencial da maioria das funções fisiológicas. É usado pelo organismo principalmente para fabricar os hormônios sexuais (testosterona, estrógenos e progesterona). Atualmente, essa substância é recomendada em algumas indicações por causa de seu efeito "antienvelhecimento".

Existem poucas informações sobre os efeitos da DHEA com relação ao sono. No entanto, uma pesquisa recente demonstrou que houve aumento moderado da quantidade de sono paradoxal em dez adultos jovens que tomaram uma dose única de DHEA (500 mg). Os outros estágios do sono não foram modificados. Assim, pode haver uma relação entre o aumento de sono paradoxal e os efeitos benéficos dessa substância sobre a memória, pois a importância do sono paradoxal nos fenômenos de consolidação da memória é conhecida. Pesquisas futuras terão que confirmar esse resultado em um número maior de pacientes, definindo o eventual benefício de um tratamento prolongado por DHEA para o sono de uma pessoa idosa.

OS EXAMES DE SONO

91 Quais são os exames de sono indicados para um idoso?

Em primeiro lugar, existe o registro poligráfico ventilatório, um exame simplificado que pode ser realizado na casa da pessoa ou em um lar para idosos, ajudando a detectar uma afecção respiratória durante o sono (sobretudo apnéias). Além disso, a polissonografia é essencial para analisar em detalhes os estágios do sono – trata-se do único exame capaz de fornecer informações precisas sobre a arquitetura do sono. Esse registro também pode ser feito em casa ou em um lar para idosos, quando se dispõe de aparelhos portáteis.

Em que circunstâncias o exame de polissonografia é solicitado?

O registro noturno do paciente pode ser receitado pelo médico em caso de sonolência pronunciada durante o dia, suspeita de apnéias no sono, sensações de cãibras nas pernas e insônia grave. A mesma coisa vale em caso de comportamentos violentos durante o sono ou de parassonia associada a uma doença neurológica. Neste último caso, o registro da noite pode ser necessário para definir um diagnóstico. Este exame serve para avaliar a qualidade do sono, a profundidade e duração dos estágios de sono, a existência de anomalias como apnéias ou movimentos anormais durante o sono, assim como sua repercussão para a continuidade e manutenção do sono.

Quais os benefícios da polissonografia?

Os benefícios são evidentes, pois permitem diagnosticar e dar início imediato a um tratamento. Buscar a remissão das apnéias e melhorar a qualidade do sono eliminando os movimentos periódicos das pernas ajudam a preservar o sono profundo e diminuem as reações de vigília do cérebro durante a noite. O tratamento também melhora o funcionamento cerebral durante o dia, em termos de vigília, memória, raciocínio etc.

O caso de R, homem de 76 anos

Meu tio, de 76 anos de idade, se queixava de insônia há quatro anos. A maioria dos hipnóticos não fazia efeito. O clínico-geral dele então o encaminhou para uma clínica de sono, onde foi feito registro durante uma noite. O técnico colocou eletrodos no couro cabeludo e no rosto, sensores respiratórios, assim como eletrodos no tórax e nas pernas. O registro mostrou que ele fazia movimentos breves e repetidos das pernas durante toda a noite. Um medicamento que age sobre a dopamina foi receitado, melhorando sensivelmente o transtorno.

Esse senhor sofria de um transtorno chamado "movimentos periódicos das pernas durante o sono". Esses movimentos duram alguns segundos e correspondem à contração dos músculos das pernas. Geralmente, precedem uma reação de despertar que, se ocorrer várias vezes, pode levar à insônia. O tratamento se baseia em medicamentos específicos, cuja eficácia foi bem demonstrada.

92 Idosos precisam ter receio de consultar um médico por causa de seu sono?

Não, pelo contrário! É verdade que o processo de envelhecimento altera a fisiologia do sono e o torna naturalmente mais frágil, mas os transtornos do sono se tornam mais freqüentes com a idade. Ora, esses transtornos podem ser curados totalmente ou em parte, quer se trate de apnéias, movimentos periódicos das pernas ou avanço da fase do sono. O tratamento melhora a saúde, o bem-estar e a qualidade de vida das pessoas idosas, tanto as que levam uma vida ativa quanto as de mobilidade reduzida.

Nos idosos, a alteração da qualidade do sono tem relação com o enfraquecimento das funções intelectuais superiores. A esperança de retardar ou interromper esse processo, mantendo um sono de boa qualidade, é sem dúvida um dos desafios que a medicina terá de superar ao longo dos próximos anos.

capítulo 6

O laboratório de sono

93 O que é um laboratório de sono?

O laboratório, ou centro de diagnóstico e tratamento dos transtornos do sono e da vigília, é um local destinado a fazer diagnósticos e dar início a tratamentos dos transtornos do sono e da vigília. Portanto, o termo "laboratório" não deve preocupar a pessoa que utiliza esse serviço, pois ali não se faz nenhuma "manipulação" do subconsciente, durante o sono ou nos sonhos.

Geralmente, o laboratório se localiza em um hospital ou clínica. Possui um ou vários quartos, reservados para a análise do sono dos pacientes, e uma sala reservada para o técnico, que acompanha o desenrolar dos registros e o conforto do paciente durante a noite.

94 Por que meu médico poderia pedir um registro do meu sono?

Quando seu médico tem uma suspeita de transtornos do sono, como as apnéias ou os movimentos periódicos das pernas durante o sono, ou, ainda, sonolência excessiva durante o dia, pode pedir esse tipo de exame para obter uma confirmação do diagnóstico e avaliar a gravidade do problema. O tratamento será então, em grande parte, orientado pelos resultados obtidos durante o exame de sono.

O laboratório de sono é um local onde se fazem "curas do sono"?

Absolutamente. O laboratório de sono não impõe o sono ao paciente. Pelo contrário, a idéia é registrar o sono de maneira natural.

As "curas do sono", que consistem em provocar no paciente um estado de calma e descontração por meio de medicamentos sedativos, não ajudam a restaurar um sono natural – por isso foram atualmente abandonadas. Aliás, sua utilidade para o tratamento dos transtornos do sono nunca foi claramente demonstrada.

O que se pode esperar de um registro do sono?

Antes de tudo, deve-se esperar por um diagnóstico, como no caso das apnéias durante o sono. Mas também por informações sobre a qualidade do sono, como, por exemplo, a duração total de sono, a duração de cada estágio, a quantidade de sono profundo, o número de ciclos do sono, o intervalo de tempo para começo do sono, o número de episódios de sono paradoxal. Todos esses dados definem a arquitetura do sono. Pode ser útil compará-los com a impressão subjetiva de uma noite de sono, por exemplo, em pessoas que sofrem de insônia.

95 Como acontece o registro no laboratório?

Os procedimentos serão explicados pelo médico ou pela equipe de atendimento do laboratório. As indicações que damos aqui podem variar de acordo com cada centro e servem para fornecer uma informação geral.

A partir da chegada ao laboratório de sono, o técnico ou enfermeiro instala o paciente no quarto que lhe foi destinado.

Geralmente, a admissão ocorre no final da tarde ou início da noite, conforme o laboratório. É necessário trazer roupa para dormir, que o paciente deve vestir antes que os eletrodos sejam fixados. O técnico orienta o paciente a se sentar em uma poltrona confortável para fixar os eletrodos e sensores que permitem obter um sinal eletrofisiológico. A instalação de todos os sensores dura cerca de uma hora. Os principais são os eletrodos colocados no couro cabeludo, cinco a seis, em média, os que são colocados no rosto, no canto de cada olho, no queixo, e, posteriormente, os que são colocados no peito. Cintas presas ao redor do tórax e do abdômen permitem registrar os movimentos respiratórios. Um dispositivo chamado "bigode" registra a respiração na região do nariz e da boca. Uma espécie de pregador colocado no dedo indicador serve para medir a oxigenação durante a noite. Por fim, em alguns casos, eletrodos também são afixados numa das pernas, ou nas duas.

96 O exame é doloroso?

O exame de sono é absolutamente indolor. Todos os sensores instalados se fixam na superfície, colados na pele, no couro cabeludo, no tórax e no abdômen. Em alguns casos, o exame pode incluir a colocação de uma sonda esofagiana. Esse procedimento pode ser desagradável. Consiste em introduzir uma pequena sonda de calibre muito fino em uma narina, para que ela desça até o esôfago, depois de pedir ao paciente que engula sua saliva. Esse dispositivo pode ser muito útil para a análise das apnéias.

Mas é possível dormir normalmente com todo este equipamento?

Os eletrodos raramente incomodam as pessoas para dormir. No entanto, algumas posições não são aconselháveis, como a posição deitada de barriga para baixo, por causa dos sensores. Por outro lado, pessoas que sofrem de insônia costumam dizer que, em ambientes diferentes, dormem melhor do que em casa. Mas não se pode descartar o fato de que um ambiente estranho pode inibir o sono. Há ainda risco de estresse por parte do paciente que pode apresentar receio de que os eletrodos se soltem ou o "capacete" caia.

97 Se estou seguindo um tratamento, devo tomar meus medicamentos como de costume?

O médico é quem pode dar conselhos a esse respeito. Geralmente, é melhor tomar seus remédios na noite do exame, inclusive os hipnóticos. Não se preocupe com a idéia de não conseguir dormir na noite do exame. Se você passar uma noite em claro, o exame será repetido algum tempo depois. Na maioria dos casos, o médico não precisa obter uma noite de oito horas de sono para definir um diagnóstico. No caso das apnéias, por exemplo, algumas horas de sono podem bastar, assim que forem registrados os vários estágios de sono, sono lento e sono paradoxal.

Se eu não tiver apnéias durante esta noite, tenho que refazer o exame?

Não. Se o exame não revelar apnéias, não há motivo para repeti-lo.

Quanto tempo dura o exame?

Em geral, uma noite. O registro é de oito horas, em média. O médico pode decidir completar o exame da noite com testes durante o dia, a fim de medir a sonolência.

O que são os testes de sonolência?

A sonolência pode ser avaliada por meio de escalas e questionários (é o caso da "escala de Epworth"). Ela também pode ser medida pelo chamado "teste das latências múltiplas do sono" ou "testes de manutenção da vigília", realizados em laboratório. O paciente faz quatro ou cinco sestas durante o dia, e os adormecimentos eventuais são registrados por meio de eletrodos. No caso da narcolepsia, os testes são muito importantes, pois as pessoas afetadas adormecem muito depressa, e, na maioria das vezes, em estágio de sono paradoxal.

O que é um hipnograma?

O hipnograma é uma representação gráfica do sono, que permite visualizar a organização dos diferentes estágios de sono e sua evolução durante a noite. O laboratório de sono envia o hipnograma ao médico responsável juntamente com o relatório da noite de exame.

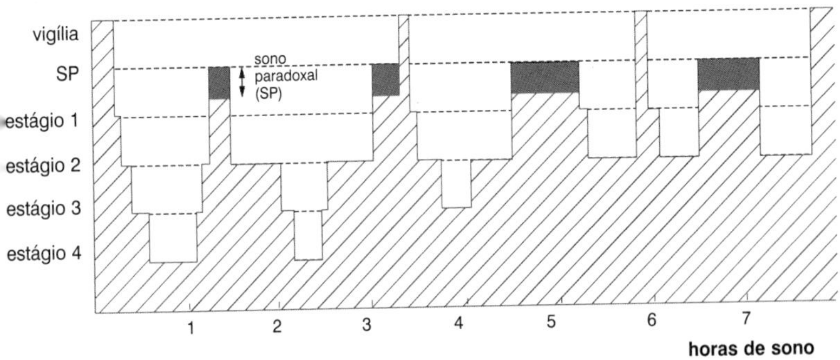

O sono profundo, presente no início do adormecimento, ocorre progressivamente, passando pelos estágios 1, 2, 3 e 4 (como se fossem degraus de uma escada). O primeiro episódio de sono paradoxal ocorre cerca de 90 minutos depois do adormecimento. Aqui estão representados quatro episódios de sono paradoxal. Sua duração aumenta no final da noite. Períodos de vigília de curta duração, que facilitam a transição de um estágio de sono para o outro, são possíveis.

A que horas posso deixar o laboratório na manhã seguinte?

Geralmente de manhã cedo, assim que o técnico desprender os "fios" e depois que o paciente tomar o café da manhã. Portanto, no dia seguinte à realização do exame, é possível trabalhar normalmente.

O laboratório pode ser "transportado" para casa?

Sim. De alguns anos para cá, os progressos técnicos permitem transportar o laboratório de sono para casa. Para isso, ele é "miniaturizado" e acomodado em uma valise que o paciente leva para casa à noite. Essa modalidade serve para registrar o sono em condições mais naturais e mais próximas da realidade.

98 Como interpretar o relatório do exame de sono enviado pelo laboratório?

O relatório fornece indicações cifradas sobre o sono. Elas serão explicadas pelo médico. Alguns números são importantes:

- O índice de apnéias/hipopnéias por hora de sono (IAH), que corresponde ao número de eventos respiratórios (apnéias ou hipopnéias) presentes durante o sono.
- O índice de eficiência do sono, que corresponde ao tempo que você passa dormindo (descontados os períodos de vigília).
- O TTS, que corresponde ao tempo total de sono.
- Os estágios de sono, detalhados por duração e percentagem com relação ao TTS.
- O número de episódios de sono paradoxal e de ciclos de sono.
- O tempo da latência de sono, que exprime o tempo necessário para adormecer.

99 Crianças podem fazer um exame de sono?

Assim como os adultos, as crianças podem fazer um exame de sono. Para as crianças pequenas (com menos de cinco anos de idade), recomenda-se o registro de uma sesta, que fornece uma quantidade suficiente de sono com presença de sono paradoxal.

Uma criança pequena adormece facilmente nesse contexto. Às vezes, é necessário privar moderadamente a criança de sono antes do exame, acordando-a mais cedo de manhã ou evitando a sesta no final da manhã ou início da tarde.

A presença dos pais é possível na noite do registro?

A maioria dos laboratórios que aceitam crianças permitem que um dos pais passe a noite no local... mas, às vezes, com pouco conforto. A presença de uma pessoa próxima pode facilitar o exame, tranqüilizando a criança. Porém, em muitos casos, a criança se adapta depressa à situação e adormece sozinha.

100 O sono da criança pode ser registrado em casa?

Sim, e os próprios pais podem fazer esse registro. No caso de parassonias, por exemplo, é muito útil fornecer ao médico um registro em vídeo da criança durante um acesso de sonambulismo ou de terror noturno. Assim, o médico pode visualizar a crise, confirmar o diagnóstico ou afastar a possibilidade de epilepsia.

Por outro lado, a miniaturização do equipamento torna possível o registro do sono no ambiente habitual da criança. Em geral, o material é preparado antes no laboratório, e a criança pode ir para casa no fim da tarde, perfeitamente equipada para passar a noite. O aparelho é então programado e o registro começa na hora que foi combinada previamente com a criança e seus pais. Assim, a criança pode se submeter a um exame de alta tecnologia, dormindo em sua própria cama.

Exames realizados no laboratório de sono

- Eletroencefalografia convencional ou (sobretudo em crianças) durante o sono (soneca).
- Poligrafia ventilatória durante o sono.
- Polissonografia noturna, com ou sem monitorização por vídeo, medição da pressão esofagiana, pH-metria, adaptação dos aparelhos respiratórios VPPC ou CPAP.
- Testes de vigilância.
- Teste das latências múltiplas do sono.
- Teste de manutenção da vigília.

capítulo 7

Teste

Acompanhe a seguir 30 perguntas breves que você deve responder com "verdadeiro" ou "falso", além de testes de múltipla escolha nos quais você deve escolher a opção correta, para testar em poucos minutos seus conhecimentos sobre o sono... e esclarecer alguns equívocos. Cada questão é acompanhada pela resposta correta e uma explicação detalhada.

1 O sono é necessário para a saúde física e mental?

VERDADEIRO – O sono faz com que o organismo possa se reconstituir. Durante o sono profundo, a síntese de várias proteínas se acelera. Nas crianças, o sono profundo estimula a produção de hormônios importantes, especialmente o hormônio do crescimento e os hormônios sexuais.

O sono permite uma recuperação no nível cerebral e sua importância é muito grande para as crianças em todo o período de desenvolvimento. Os dois tipos de sono – sono profundo e sono paradoxal – têm papel complementar e essencial para a consolidação da memória e a introdução dos aprendizados. No plano energético, a alternância sono profundo/sono paradoxal corresponde à alternância entre uma economia de energia durante o sono profundo (redução do metabolismo global e da temperatura corpórea) e o consumo de glicose e oxigênio pelo cérebro, equivalente àquele constatado durante a vigília ativa.

2 A falta de sono pode causar depressão?

VERDADEIRO – É o caso nas pessoas que sofrem privação grave de sono, por tempo prolongado. Mas as conseqüências da falta de sono geralmente são mais sutis, e podem passar despercebidas aos olhos da pessoa afetada. A insuficiência prolongada de sono tem conseqüências psíquicas importantes, como nervosismo, cansaço, impressão de ter os nervos "à flor da pele", transtornos da memória, dificuldades de concentração, perda de eficácia ou rendimento no trabalho. Essas manifestações, quando se prolongam, podem levar à perda da autoconfiança, estado de prostração e cansaço crônico, e, às vezes, um verdadeiro estado depressivo, com melancolia, falta de vontade de fazer qualquer coisa, ausência de prazer, isolamento e introspecção. Esses sintomas são reversíveis, quando a pessoa afetada aumenta seu tempo de sono de maneira significativa.

3 Os medicamentos antidepressivos podem melhorar o sono?

VERDADEIRO – A indicação principal dos medicamentos antidepressivos são os transtornos do humor e especialmente a depressão. Uma vez que sono e humor têm relação estreita, o sono costuma ser perturbado nas pessoas que sofrem de depressão. A atuação dos antidepressivos é progressivamente benéfica para o sono e o humor das pessoas deprimidas. Alguns antidepressivos têm perfil mais estimulante e, geralmente, são ingeridos de manhã. Outros, ao contrário, são mais "sedativos" e podem ser tomados à noite, com efeito benéfico para o adormecimento. Os medicamentos antidepressivos, ao contrário dos hipnóticos, são receitados por períodos mais longos (vários meses), para garantir uma cura completa do episódio depressivo, com recuperação do sono e do humor.

4 Dorme-se da mesma maneira aos 60 e aos 20 anos de idade?

FALSO – O sono é uma função sujeita ao envelhecimento. A qualidade e quantidade de sono se modificam ao longo da vida.

As mudanças mais importantes acontecem durante os primeiros meses de vida, mas continuam depois disso. O sono paradoxal e o sono profundo estão sujeitos a grandes modificações durante os primeiros dez anos de vida. Em seguida, as mudanças são menores, mas a duração do sono decresce e o despertar noturno pode se tornar mais freqüente. Algumas afecções também podem ocorrer, como as apnéias durante o sono ou os movimentos periódicos das pernas, que afetam, por sua própria natureza, a qualidade do sono. Portanto, é um erro ou ilusão achar que se pode dormir como aos 20 anos de idade, depois da quarta ou quinta década de vida.

5 Existem ao todo cinco estágios de sono?

VERDADEIRO – A análise visual das ondas produzidas pelo cérebro durante o sono permite distinguir cinco principais estágios de sono. Os estágios 1 a 4 correspondem ao sono NREM, e o estágio 5, ao sono "rápido", paradoxal ou REM. O sono NREM se subdivide (estágios 1 e 2) em sono de ondas lentas ou sono profundo (estágios 3 e 4). O quinto estágio, o de sono paradoxal, se compõe de ondas de menor amplitude do que as do sono de ondas lentas, e de freqüência rápida semelhante àquela obtida no estado de vigília. Os cinco estágios de sono podem ser claramente identificados a partir da idade de seis a oito meses.

6 A sonolência ao volante é uma causa freqüente de mortes em acidentes de trânsito?

VERDADEIRO – Uma pesquisa recente comprovou o efeito da sonolência nos acidentes de trânsito – ela seria responsável por 10% dos acidentes graves na França. Esta pesquisa ressaltou a relação entre sonolência e consumo de álcool e mostra os efeitos agravantes do álcool sobre a sonolência. Os acidentes relacionados ao álcool ou à sonolência matam de seis a sete vezes mais que os acidentes sem álcool ou cansaço. Além disso, os acidentes causados unicamente pelo consumo do álcool costumam ocorrer em uma faixa de horário na qual o estado de vigília pode estar comprometida.

7 O "sono profundo" é chamado dessa forma porque é difícil acordar uma pessoa neste estágio do sono?

FALSO – O adjetivo "profundo" designa a forma e amplitude das ondas que compõem esse estágio do sono (estágios 3 e 4 do sono NREM). Essas ondas, chamadas "delta", são de grande amplitude e de baixa freqüência (lentas), e invadem a totalidade do traçado de sono quando a pessoa que dorme atinge os estágios 3 e 4. Nas crianças, as ondas "delta" são ainda de maior amplitude e mais lentas do que nos adultos. Às vezes, a pessoa tem dificuldade para despertar durante o sono profundo, principalmente as crianças, cujos sistemas de vigília nem sempre atingiram a maturação completa. Isso explica os episódios de despertar com confusão mental, terrores noturnos e até acessos de sonambulismo.

8 Uma pessoa que sofre de apnéias durante o sono não consegue dormir bem?

VERDADEIRO – O sono é fragmentado por vários despertares breves que são momentos de vigília de curta duração. Essa fragmentação impede a instalação do sono profundo, que se torna quase totalmente ausente. Assim, o sono se desorganiza (os ciclos não se completam), e quase toda a noite é ocupada pelo sono superficial com aumento dos estágios 1 e 2. Esse sono tem pouco efeito restaurador. O paciente acorda cansado, sente-se sonolento durante o dia, adormece em uma reunião ou em um espetáculo e se queixa de que não passou uma noite repousante.

9 Se eu adiar meu sono dormindo cada vez mais tarde, corro o risco de...

a – Não conseguir me levantar de manhã
b – Sentir reações de insônia à noite
c – Ficar sonolento durante o dia
d – Adormecer na sala de aula ou no trabalho
e – Sentir mal-estar, melancolia ou irritação

Todas as opções são verdadeiras. São os sintomas de atraso da fase do sono. A sonolência é maior de manhã, e pode prejudicar seriamente as atividades matinais. O adormecimento se atrasa muito, pois o deslocamento de horário faz com que as pessoas afetadas sofram de insônia, quando decidem dormir nos horários convencionais. Geralmente, a sonolência durante o dia torna necessária uma sesta.

10 Para evitar o adiamento do sono, provocando o atraso da fase, é aconselhável...

a – Ir para a cama mais cedo
b – Ir para a cama mais tarde
c – Acordar mais cedo
d – Acordar mais tarde
e – Dormir durante o dia

Só as opções (a) e (c) são verdadeiras. Para evitar o adiamento do sono, é preciso manter os horários de dormir e acordar mais ou menos regulares. O horário de acordar é muito importante para a sincronização dos ritmos de sono. Dormir durante o dia não ajuda a consolidar o sono da noite. No entanto, uma sesta breve (com duração máxima de 15 minutos) pode ser admitida.

11 Quando não consigo dormir oito horas por três noites em seguida...

a – Estou sofrendo de insônia
b – Tenho que tomar hipnóticos
c – Devo recuperar o sono fazendo uma sesta
d – Devo conversar sobre isso com um médico
e – Não devo fazer nada em especial

A última opção (e) é a certa. A qualidade e quantidade de sono podem variar de uma noite para a outra, mesmo nas pessoas que dormem bem. É possível dormir menos por várias noites seguidas, sem estar sofrendo de insônia e sem precisar de medicamentos.

12 Os medicamentos para dormir (hipnóticos)...

a – Não devem ser usados sem recomendação médica
b – Podem causar hábito em caso de uso prolongado
c – Para as insônias ocasionais, podem ser receitados com sucesso, durante alguns dias
d – Perdem sua eficácia depois de algumas semanas de uso contínuo
e – Podem agravar as apnéias durante o sono nas pessoas que sofrem desse mal

Todas as opções são verdadeiras. Os hipnóticos podem ser eficazes em caso de insônia, mas devem ser receitados pelo médico por um período de no máximo quatro semanas. O uso prolongado pode provocar hábito, assim como a perda da eficácia dos medicamentos. A melhor indicação para esses tratamentos é a insônia transitória ou passageira. Além disso, os soníferos podem agravar as apnéias nas pessoas que sofrem desse mal.

13 Entre as medidas de higiene do sono listadas abaixo, quais são as mais eficazes?

a – Ouvir música para adormecer

b – Adormecer diante da televisão ligada

c – Ler por alguns minutos e apagar a luz

d – Praticar exercício físico intenso à noite

e – Levantar-se por alguns instantes enquanto o sono não chega

Só as opções (c) e (e) comprovaram sua eficácia. Adormecer diante da televisão ou ouvindo música não é aconselhável. Pode prolongar o prazo de adormecimento e criar um condicionamento fixo. Exercícios físicos muito intensos à noite podem contrariar o adormecimento. A leitura é um ritual de adormecimento favorável quando não dura mais do que alguns minutos. É preferível levantar-se alguns instantes quando o sono não chega, em vez de ficar na cama "ruminando" os problemas.

14 A causa mais freqüente de sonolência excessiva durante o dia é...

a – A narcolepsia

b – As apnéias no sono

c – A falta de sono

d – A insônia crônica

e – O uso de medicamentos tranqüilizantes

Embora não possa ser medida com dados precisos, a falta de sono (c) é sem dúvida a causa mais freqüente da sonolência diurna. Restabelecer um tempo de sono adequado para as pessoas (adultos, adolescentes ou crianças) privadas de sono suficiente a cada noite faz desaparecer os sintomas de sonolência excessiva diurna. As outras opções também podem causar sonolência diurna em vários graus, conforme a gravidade da doença. Por fim, os medicamentos tranqüilizantes modificam o grau de vigília depois do consumo ou de maneira prolongada, conforme o prazo de atuação da substância. Alguns tranqüilizantes da família das benzodiazepinas têm um tempo de atuação que pode chegar a 80 horas.

15 O ronco pode ser curado por meio de cirurgia?

VERDADEIRO – A cirurgia do véu do palato é um tratamento eficaz do ronco. Um procedimento cirúrgico para melhorar a permeabilidade nasal – e, portanto, a respiração nasal – também pode ser indicado para algumas pessoas que roncam.

16 As pessoas que roncam correm um risco maior de sofrer da síndrome da apnéia obstrutiva do sono?

VERDADEIRO – O ronco é um fator de risco de apnéias durante o sono. Isso não significa que todas as pessoas que roncam sejam apnéicas, nem que todas as pessoas que sofrem de apnéia também sofram de ronco.

17 A hipertensão arterial pode ser causada pela síndrome da apnéia obstrutiva do sono?

VERDADEIRO – A hipertensão arterial é uma das complicações possíveis da síndrome de apnéias. O registro polissonográfico é necessário para o diagnóstico de algumas hipertensões arteriais. O tratamento consiste então na eliminação da causa, ou seja, as apnéias. Pode ser um tratamento de "ventilação por pressão positiva contínua" durante o sono ou por cirurgia ORL (otorrinolaringologia).

18 O que devo fazer em caso de ronco?

a – Não devo fazer nada em especial
b – Devo conversar com um médico
c – Devo fazer uma operação
d – Devo emagrecer alguns "quilos indesejáveis"
e – Devo tomar hipnóticos

A melhor atitude é conversar com um médico (b), que com certeza vai sugerir uma dieta para emagrecer, em caso de excesso de peso (d). Na maioria dos casos, o ronco não é perigoso para a saúde e causa apenas um incômodo sonoro. Mas ele também pode ter relação com as apnéias durante o sono que, quando são freqüentes, se tornam uma verdadeira doença, ou a síndrome da apnéia obstrutiva do sono. Essa síndrome representa um risco para a saúde e deve ser diagnosticada e tratada eficazmente.

19 A insônia é uma afecção com as seguintes características:

a – Prejudica a saúde física quando se prolonga por muito tempo

b – Afeta a saúde mental
c – Em alguns casos, não provoca danos
d – É sintoma de uma depressão
e – Leva ao consumo excessivo de hipnóticos

As opções verdadeiras são (b), (c), (d) e (e). O efeito da insônia sobre a saúde física não foi comprovado, mas as conseqüências para o psiquismo são bem conhecidas. Podem ser sinais como cansaço, irritabilidade, intolerância ao estresse, transtornos da memória ou da concentração. Às vezes, a insônia não tem efeito algum, e seus efeitos durante o dia são mínimos. Em outros casos, a insônia pode ser um dos principais sintomas de depressão.

20 Um bebê que chora sem parar várias vezes por noite...

a – Está com fome
b – Sente dor de dente
c – Precisa da presença de um adulto
d – Teve um pesadelo

A opção verdadeira é (c). A partir de alguns meses de vida, o bebê pode chorar por muitas razões além da fome. Sua calma depois da mamadeira ou da amamentação não significa obrigatoriamente que ele precisava saciar a fome. Às vezes, ele simplesmente sente prazer ao comer, chupar e mamar, ou exprime sua satisfação quando alguém cuida dele. Isso ocorre com mais freqüência nos bebês acostumados às intervenções noturnas dos pais, que os pegam nos braços, embalam e alimentam. Os dentes, os pesadelos etc. podem acordar o bebê, mas raramente de forma sistemática.

21 Quando o bebê chora à noite, é preciso alimentá-lo imediatamente?

FALSO – A alimentação noturna sistemática é uma das causas mais comuns do despertar noturno em crianças de mais de quatro–seis meses de idade. Quando a criança associa o despertar à mamadeira ou ao peito da mãe, seu reflexo é pedir alimento sempre que acorda à noite. Salvo exceção ou contra-indicação médica, é preciso ajudar a criança a distinguir suficientemente cedo os comportamentos alimentares e de sono.

22 A luz pode ser usada com sucesso no tratamento de alguns transtornos do sono?

VERDADEIRO – O tratamento por fototerapia é usado com sucesso nos transtornos do ritmo vigília-sono e da síndrome de atraso da fase do sono. A aplicação do tratamento ocorre em um horário definido pelo médico, geralmente de manhã, quando existe atraso da fase. A luz é produzida por uma lâmpada especial que emite uma luz branca e "segura", isto é, desprovida de raios ultravioletas e infravermelhos. Essa lâmpada não produz calor. A exposição dura cerca de 20 minutos. O efeito obtido é a ressincronização dos ritmos nos horários desejados.

23 A narcolepsia é uma doença...

a – Que geralmente tem início na adolescência
b – Que impede de dormir à noite
c – Que leva a dormir muito de dia
d – Que pode ser tratada eficazmente

e – Que pode ter conseqüências graves para a qualidade de vida das pessoas afetadas

As opções verdadeiras são (a), (c), (d) e (e). A narcolepsia costuma ter início na adolescência, com pico de ocorrência aos 14 anos. Essa doença afeta tanto as meninas quanto os meninos. A sonolência excessiva diurna é um dos primeiros sintomas perceptíveis. As pessoas narcolépticas dormem perfeitamente à noite, às vezes mais do que as pessoas normais. Apesar das noites de nove horas de sono ou mais, elas continuam sonolentas, sobretudo de manhã ao acordar, ou ao longo de todo o dia. Depois de vários anos de evolução, o sono da noite pode ser perturbado por despertares, exigindo um tratamento adequado.

A sonolência diurna excessiva e os acessos de sono são sintomas principais da doença. Os acessos de sono podem ser irresistíveis, isto é, as pessoas narcolépticas não conseguem lutar contra o sono. Atualmente, tratamentos eficazes da doença estão disponíveis, visando sobretudo restaurar um grau de alerta próximo do normal. Esses tratamentos medicamentosos melhoram grandemente a qualidade de vida das pessoas narcolépticas.

24 Os idosos sofrem raramente da síndrome de atraso da fase do sono?

VERDADEIRO – Os idosos estão espontaneamente sujeitos ao avanço, não ao atraso da fase do sono. Elas ficam sonolentas desde o fim da tarde ou início da noite, e podem adormecer de maneira involuntária. Por outro lado, acordam cedo de manhã e não conseguem dormir no final da noite. Essa situação pode ser muito desagradável, sobretudo quando a mobilidade reduzida as obriga a permanecer na cama. Um tratamento por fototerapia pode ser proposto, para tentar limitar o avanço da fase.

25 A melatonina é útil no tratamento do "*jet lag*"?

VERDADEIRO – A melatonina é uma substância sintetizada naturalmente pelo organismo. Sua importância para a sincronização dos ritmos vigília/sono é bem conhecida, e ela representa uma chance prometedora para o tratamento de perturbações ligadas à diferença de fuso horário. Seu uso ainda é limitado em terapêutica, pois o modo de administração e as doses úteis não são suficientemente conhecidos. Os efeitos secundários da melatonina também limitam seu uso prolongado ou sistemático.

26 O relaxamento é indicado para as pessoas que sofrem de insônia?

VERDADEIRO – As técnicas de relaxamento ensinam a pessoa a relaxar e distender a musculatura estriada (músculos sob o controle voluntário). Várias técnicas podem ser empregadas. A técnica progressiva de Jacobson ajuda a sentir a alternância contração/relaxamento e trabalhar individualmente cada grupo muscular. Está provado que a aplicação das técnicas de relaxamento facilita o adormecimento e a manutenção do sono em pacientes que sofrem de insônia. Outras técnicas semelhantes, como a sofrologia ou a "nova hipnose" (Ericksoniana), podem encontrar aqui uma excelente indicação.

27 Os adolescentes têm tendência ao atraso da fase do sono por causa de seu estilo de vida?

VERDADEIRO – A tendência ao atraso da fase do sono é natural nos adolescentes. É necessário lutar contra essa propensão, quando o estilo de vida acaba levando ao hábito de dormir e acordar cada vez mais tarde.

28 Uma pontuação superior a 8 na "escala de sonolência de Epworth" é motivo para procurar um médico?

SIM – A escala de Epworth serve para medir o grau subjetivo de sonolência excessiva diurna nos adultos. Ela consiste em perguntas às quais se deve responder definindo um valor de 0 a 3, em função do grau de propensão ao sono em cada situação proposta. Essa escala permite determinar um nível ou limite a partir do qual o grau de sonolência excessiva diurna subjetiva de uma pessoa é anormalmente elevado. Uma pontuação igual ou superior a 8 é motivo para procurar um médico, para que ele encontre a causa possível da sonolência excessiva.

29 Os adolescentes que dormem menos sofrem queda no aproveitamento escolar?

VERDADEIRO – Pesquisas referentes a um grande número de adolescentes demonstraram que existe uma relação entre o tempo de sono e o nível de desempenho escolar. Assim, a higiene do sono é fundamental.

30 Quais são as pessoas capazes de iniciar o sono noturno pelo sono paradoxal ou sono REM?

a – Adultos que gozam de boa saúde

b – Pessoas que sofrem de narcolepsia

c – Pessoas que roncam

d – Bebês de menos de 6 meses
e – Pessoas deprimidas

As opções verdadeiras são (b), (d) e (e). O sono paradoxal ocorre em adultos em média 90 minutos depois do adormecimento. Em alguns casos, seu prazo de aparição pode ser muito mais rápido à noite, como no caso da narcolepsia ou em algumas formas de depressão. Nas crianças muito pequenas, o adormecimento em sono paradoxal é habitual até a idade de cino-seis meses.

apêndice

Guia prático

Glossário

ALTERAÇÃO (DO SONO). Modificação qualitativa ou quantitativa do sono, constatada pela observação clínica ou durante um registro do sono.

ALUCINAÇÕES HIPNÓGICAS. Sonhos vívidos, que ocorrem no início do sono em pacientes com narcolepsia/cataplexia.

ANFETAMINA. Medicação estimulante do sistema nervoso central, usada para tratar a sonolência excessiva diurna.

ANSIOLÍTICO. Medicamento que serve para diminuir a ansiedade. Os medicamentos ansiolíticos podem facilitar o adormecimento e diminuir a freqüência de despertares noturnos.

ANTIDEPRESSIVO (MEDICAMENTO). Medicamento utilizado para tratar a depressão e os transtornos do humor. Os antidepressivos podem ser eficazes nos transtornos do sono, sobretudo a insônia. Seu modo de atuação se exerce sobre alguns neuromediadores cerebrais.

ANTÍGENOS HLA-DR2 E DQ1. Marcadores genéticos de predisposição à narcolepsia/cataplexia. Os genes relacionados à narcolepsia/cataplexia estão localizados em uma porção do braço curto do cromossomo 6 e fazem parte de um complexo chamado "complexo HLA", ou "complexo maior de histocompatibilidade".

ANTI-HISTAMÍNICOS. Medicamentos utilizados no tratamento de reações alérgicas (rinite alérgica, por exemplo). Alguns anti-histamínicos têm efeito sedativo, por esse motivo podem ser utilizados para tratar algumas pessoas que sofrem de insônias.

Apnéia central. Parada respiratória com interrupção do esforço ventilatório.

Apnéia do sono. Interrupção da respiração durante o sono. As apnéias representam um perigo para a saúde, principalmente quando são freqüentes (ver "Síndrome da apnéia obstrutiva do sono").

Apnéia mista. Apnéia que tem início como apnéia central e termina como apnéia obstrutiva.

Apnéia obstrutiva. Parada respiratória com persistência do esforço respiratório.

Benzodiazepinas. Família de compostos químicos que têm em comum propriedades ansiolíticas, sedativas e hipnóticas, miorrelaxantes e anticonvulsivantes.

Bruxismo. Ruído de ranger dos dentes que pode ocorrer durante o sono leve, geralmente relacionado ao estresse. Pode causar desgaste dentário. O bruxismo é uma das parassonias.

Calendário de sono (diário do sono). Método de auto-avaliação do sono que consiste em registrar em uma tabela a duração (tempo) de sono e vigília.

Cataplexia. Ausência súbita do tônus muscular do tronco, pescoço e/ou dos membros, a qual, em alguns casos, pode provocar quedas. Os ataques de cataplexia fazem parte do quadro clínico da narcolepsia. Podem estar ausentes no início da doença e ocorrer vários anos mais tarde. Os ataques de cataplexias são desencadeados por uma emoção (surpresa, cólera, alegria, ataque de riso). Crises catapléticas são possíveis.

Ciclo de sono. Período de sono compreendido entre dois episódios de sono paradoxal.

Cognitiva (terapia). Terapia baseada na conscientização dos processos mentais, que leva a pessoa a questionar ou modificar algumas idéias ou postulados errôneos. Essa terapia é usada com freqüência no tratamento da insônia.

Crises epiléticas. Conjunto de manifestações neurológicas com manifestações diversas (confusão mental, ausência), repetitivas e autolimitadas, associadas com atividade elétrica anormal do cérebro. As crises epiléticas podem ser mais freqüentes durante o sono. O diagnóstico pode ser difícil (possivelmente confundido com uma parassonia).

Cronótipo. Característica biológica de uma pessoa, que faz com que ela seja "da noite" ou "do dia". O cronótipo se estabelece em uma fase muito precoce da vida.

Depressão. Doença caracterizada pela ocorrência de vários sintomas, sobretudo a melancolia. O sono é freqüentemente alterado durante a depressão, ora provocando insônia com despertar matinal precoce, ora provocando a hiperssonia, com aumento do tempo que se passa na cama. Existe um risco de suicídio em pacientes gravemente deprimidos.

Depressão sazonal. Depressão que se manifesta em algumas pessoas de maneira recorrente em um período específico do ano, geralmente no outono. Ela se traduz em melancolia geralmente associada à hiperssonia e a um desejo de comer alimentos doces (hiperfagia). Pode ser tratada com fototerapia.

Despertar confusional. Despertar súbito com confusão mental em crianças pequenas, semelhante aos episódios de terror noturno e sonambulismo.

Diário de sono (ou calendário do sono). Método de auto-avaliação do sono que consiste em registrar em uma tabela a duração (tempo) de sono e vigília.

Eficiência do sono. Avaliação utilizada sobretudo no diagnóstico da insônia, que consiste em calcular o tempo de sono em relação ao tempo total de registro de sono.

Enurese. Persistência de micções involuntárias depois da idade de cinco anos, que ocorrem durante o sono REM, à noite.

Estágio do sono. Representação qualitativa do sono, obtida a partir da análise de um registro polissonográfico. Existem cinco estágios do sono. O sono NREM é dividido em estágios 1 e 2, e o sono delta ou profundo (estágios 3 e 4) e sono paradoxal ou sono REM. Os estágios de sono são reconhecidos pelas ondas no eletroencefalograma. Os estágios de sono durante a noite são representados por meio de um hipnograma.

Estimulante do sistema nervoso central. É um medicamento que exerce ação estimulante, reduzindo o cansaço intelectual e físico. Esse tipo de medicamento deve ser usado com grande prudência, por causa dos riscos de dependência e dos transtornos intelectuais e afetivos que pode provocar.

Fitoterapia. Tratamento com plantas. O recurso às ervas pode ser recomendável para algumas pessoas que sofrem de insônia de intensidade moderada.

Fobia do adormecimento. Manifestação de ansiedade experimentada por uma pessoa, geralmente uma criança, diante da idéia de não conseguir adormecer.

Fototerapia. Tratamento por exposição a uma luz intensa, que pode ser feito em casa e é indicado no tratamento de transtornos do sono de origem circadiana, ou no tratamento da depressão sazonal.

Higiene do sono. Conjunto de atitudes sob o controle voluntário a fim de evitar ações ou comportamentos que possam prejudicar a qualidade de sono. Respeitar as regras de higiene do sono é tão importante na infância quanto na idade adulta.

Hiperfagia. Exagero de consumo alimentar. Esse comportamento é um dos sintomas de várias afecções, sobretudo algumas depressões ou a síndrome de Kleine-Levin.

Hiperssonia (sonolência excessiva diurna). Propensão excessiva e indesejável para o sono, que ocorre durante as horas de vigília, interferindo na atividade social, mental e psíquica da pessoa afetada. A hiperssonia, ou excesso de sono, pode resultar de causa orgânica, traumatismo físico ou mental (hiperssonia chamada "pós-traumática"), privação de sono ou abuso de substâncias hipnóticas ou, ainda, de um transtorno primário do sono como, por exemplo, as apnéias.

Hipnagógico. Termo relacionado a fenômenos que ocorrem no início do sono.

Hipnograma. Representação gráfica do sono de um indivíduo, obtida com base num registro polissonográfico. Mostra a divisão dos estágios de sono durante a noite.

Hipnóticos (medicamentos). Substâncias que induzem o sono ou melhoram a manutenção do sono.

Hipocretina. Neuropeptídio identificado recentemente e presente no cérebro, cuja importância seria essencial para a regulação de alguns mecanismos de controle vigília/sono e do consumo alimentar.

Insônia. Queixa subjetiva a respeito da qualidade do sono, como sono curto demais, despertar precoce, sono não-restaurador e mal-estar durante o dia.

Insônia condicionada. Insônia provocada por mecanismo de condicionamento negativo do sono.

Insônia idiopática. Insônia de causa desconhecida, que se manifesta desde a infância e ao longo da vida inteira. Provavelmente, tem relação com uma alteração nos mecanismos vigília/sono.

Insônia rebote. Efeito secundário e passageiro que pode ocorrer em caso de interrupção abrupta de um tratamento hipnótico, manifestando-se por um agravamento dos sintomas de insônia.

Kleine-Levin (síndrome de). Hiperssonia periódica em adolescentes e adultos jovens, com hiperfagia e hiperssexualidade, que geralmente afeta os rapazes.

Melatonina. Substância sintetizada no cérebro pela glândula pineal durante o período de escuridão. A luz impede a produção de melatonina e, por isso, o pico de produção ocorre à noite. A função desse hormônio é indicar ao "relógio biológico" o momento em que o organismo deve dormir. A melatonina é receitada em alguns países para prevenir o *jet lag* (diferença de fuso horário) e tratar algumas formas de insônia.

Microdespertar. Episódios breves de despertar (de 3 a 15 segundos) que ocorrem durante o sono, sem levar à vigília consciente da pessoa que dorme. Os microdespertares podem ser facilmente reconhecidos e contabilizados na polissonografia.

Morte súbita do lactente. Morte de causa desconhecida que pode ocorrer numa criança sadia, nos primeiros meses de vida.

Movimentos periódicos das pernas durante o sono. Movimentos involuntários das pernas, que podem causar microdespertares e fragmentar o sono.

Narcolepsia/cataplexia. Doença neurológica crônica e persistente que costuma ter início na adolescência. Sua origem ainda é desconhecida, mas os fatores genéticos (ver "Tipagem HLA") têm forte implicação.

Pânico noturno (ataque de). Episódio de início súbito com angústia, ansiedades, medo, sensação de morte iminente e agitação, que pode ocorrer de maneira abrupta durante o sono. Esse estado pode ser ou não acompanhado por crises de pânico durante o dia.

Paralisia do sono. Episódio breve e autolimitado de ausência de capacidade de movimento ao adormecer ou acordar. Esses episódios podem ser muito angustiantes quando a pessoa se sente ameaçada (alucinações), mas são temporárias e totalmente reversíveis. Estão presentes na narcolepsia/cataplexia.

Parassonias. Conjunto de manifestações físicas, mentais e comportamentais, não-epiléticas, que ocorrem unicamente durante o sono. As parassonias se dividem em função do estágio de sono durante o qual se manifestam (sono NREM leve ou profundo, sono paradoxal, transição vigília/sono). As parassonias costumam ocorrer sobretudo em crianças, mas algumas delas podem persistir ou aparecer na idade adulta. Entre as principais, podem-se citar os pesadelos, o terror noturno, o sonambulismo, a enurese. A pessoa não se lembra dos fatos ocorridos durante um episódio de parassonia do sono NREM, não relata sonhos e pode ficar confusa.

Pesadelo. Sonho de conteúdo desagradável, relacionado a uma situação de estresse, seguido do despertar, no qual a pessoa parece muito angustiada, mas é capaz de reconhecer as pessoas próximas, ou mesmo contar uma parte de seu sonho. O pesadelo ocorre tipicamente durante o sono paradoxal. Algumas pessoas revivem o mesmo pesadelo todas as noites, geralmente depois de um trauma físico ou mental.

Pessoa que dorme muito. Pessoa adulta que tem necessidade de mais de dez horas de sono a cada 24 horas, para gozar plenamente de suas faculdades físicas e mentais durante o dia, por oposição à pessoa que dorme pouco. As pessoas que dormem muito representam cerca de 2,5% da população.

Pessoa que dorme pouco. Pessoa adulta que consegue se contentar com menos de seis horas de sono a cada 24 horas, sem nenhum prejuízo para as faculdades físicas ou mentais, por oposição à pessoa que dorme muito. As pessoas que dormem pouco representam cerca de 2,5% da população.

Polissonografia. Registro do sono realizada num laboratório de sono, com análise de sinais eletrofisiológicos. Permite recolher dados objetivos referentes a um transtorno do sono.

Proteínas do leite de vaca (alergia às). Manifestações clínicas que envolvem transtornos digestivos e perda de peso, que podem ocorrer quando o leite de vaca é introduzido na alimentação do bebê. Essa alergia pode ser iniciada por uma insônia rebelde.

Refluxo gastroesofágico. Refluxo alimentar ou líquido do estômago para o esôfago, que pode ocorrer com a pessoa em posição deitada. Pode causar reações de despertar e favorecer a síndrome da apnéia obstrutiva do sono.

Ronco. Ruído característico emitido por uma pessoa durante o sono, causado pela vibração dos tecidos moles ("campainha", véu do palato). O ronco pode estar associado a pausas respiratórias (apnéias), tanto em adultos quanto em crianças.

Serotonina. Neurotransmissor cerebral que tem função complexa na regulação da vigília. A desativação (por meio de um medicamento ou uma lesão) das células do cérebro sensíveis à sua atuação pode causar insônia.

Síndrome das pernas inquietas. Sensações desagradáveis ou desconforto nas pernas à noite antes de iniciar o sono, obrigando a pessoa afetada a mexer as pernas para aliviar o desconforto. Essa síndrome pode causar insônia ou sonolência excessiva durante o dia.

Síndrome da apnéia obstrutiva do sono. Síndrome que se caracteriza por pausas respiratórias recorrentes causadas por obstrução das vias aéreas superiores durante o sono. Essas pausas podem ser completas (apnéias) ou incompletas (hipopnéias). Na maioria dos casos, prejudicam o sono, pois provocam redução da quantidade de oxigênio no sangue e despertares breves.

Síndrome de atraso da fase do sono. Atraso dos horários de dormir e acordar, e, portanto, do período de sono principal, em relação aos horários socialmente convencionais ou desejados. A síndrome de atraso da fase do sono afeta sobretudo os adolescentes e jovens adultos.

Síndrome de avanço da fase do sono. Antecipação dos horários de dormir e acordar, e, portanto, do período principal de sono, em relação aos horários convencionais ou desejados. A síndrome de avanço da fase do sono afeta sobretudo as pessoas idosas.

Sonambulismo. Deambulação inconsciente durante o sono, que ocorre principalmente em crianças, afetando cerca de 15% das crianças em idade escolar. O sonambulismo pode ocorrer durante o sono NREM e profundo (estágios 3-4). Geralmente, os episódios de sonambulismo não são agitados, mas às vezes podem ser, colocando o sonâmbulo em risco. É aconselhável não o acordar. O sonâmbulo não se recorda de sonhos quando acordado.

Soneca (sestas). Período de sono diurno. A soneca é normal em crianças pequenas. O número e duração das sestas diminuem progressivamente, e a soneca desaparece por volta dos cinco anos de idade. Ela pode ter efeito benéfico em adultos, para restaurar uma vigilância normal. Geralmente, recomendam-se sestas breves, de no máximo 15 minutos. Sonecas muito freqüentes em adultos ou jovens, ou sonecas involuntárias, podem indicar sonolência excessiva.

Sonho. Atividade mental que atinge o nível da consciência durante o sono paradoxal. Os sonhos já estão presentes em crianças muito pequenas, nas quais a quantidade de sono paradoxal é proporcionalmente muito maior em relação ao tempo de sono total, do que nos adultos.

Sonilóquio. É o fato de falar durante o sono. O sonilóquio consiste na emissão durante o sono de palavras ou outros sons que têm significado, sem que a pessoa tenha consciência subjetiva e crítica do que está dizendo. É um fenômeno freqüente em adultos.

Sono profundo, sono delta ou estágio 3 e 4 do sono NREM. Período de sono constituído por ondas de grande amplitudes e lentas, chamadas ondas delta. O sono profundo costuma ocorrer no início da noite. O hormônio do crescimento é secretado durante essa fase. Algumas parassonias podem ocorrer durante o sono profundo (sonambulismo, terrores noturnos, despertar confusional).

Sonolência excessiva diurna. Ver "Hiperssonia".

Sudorese. A sudorese excessiva noturna pode ser sintoma de um transtorno respiratório durante o sono, sobretudo de uma síndrome da apnéia do sono. Alguns medicamentos antidepressivos também podem provocar sudorese excessiva.

Tensão somatizada. Tensão muscular excessiva que é contraprodutora para o relaxamento físico e mental necessário para o início do sono e do adormecimento. Pode ser acompanhada por sintomas neurovegetativos (sudorese, taquicardia, tremores). O relaxamento e outras técnicas semelhantes são indicados para reduzir a tensão somatizada.

Terapia comportamental. Terapia que tenta abordar o comportamento desfuncional do paciente e as conseqüências desse comportamento. As terapias comportamentais podem ser usadas para vários tipos de situações – alimentares, sexuais, ansiosas, sociais. Têm lugar de destaque no tratamento de transtornos do sono na criança e no adulto. Geralmente, a terapia comportamental é breve (de 10 a 15 sessões). O objetivo a ser atingido é definido de comum acordo entre o paciente e o terapeuta.

Terror noturno. Parassonia que afeta principalmente as crianças pequenas. O terror noturno se distingue do pesadelo pela ocorrência abrupta no início da noite, de maneira muito assustadora para as pessoas próximas. O episódio pode começar com um grito estridente. A criança parece confusa, apavorada, está coberta de suor. Raramente se lembra da crise. O terror noturno pode ocorrer durante o sono profundo (estágios 3-4). Às vezes, os episódios são acompanhados por sonambulismo.

Testes de vigilância. Testes que permitem avaliar ou medir objetivamente a capacidade de uma pessoa de se manter alerta, ou de reagir de maneira adequada a um determinado estímulo.

Testes das latências múltiplas do sono. Métodos eletrofisiológicos que permitem avaliar o nível de vigilância de uma pessoa.

Tipagem HLA. Exame realizado por amostra de sangue, que permite identificar as pessoas com predisposição genética para algumas doenças, sobretudo a narcolepsia. Antígenos específicos (HLA DR2 e DQ1) estão presentes em 98% a 99% das pessoas que sofrem dessa afecção.

Transtorno rítmico do movimento. Fenômenos rítmicos que ocorrem em crianças durante o adormecimento e/ou sono leve. Geralmente se manifestam pela rotação do tronco, da cabeça ou dos braços. Quando são violentos ou repetidos, esses movimentos podem causar ferimentos na testa ou na cabeça. Fazem parte das parassonias.

Vigilância. Capacidade prolongada de detectar as mudanças no ambiente ao redor e reagir a elas de maneira adequada.

Endereços úteis*

Laboratórios de sono no Brasil

BAHIA

Hospital Português Salvador
Dr. Francisco Hora
Av. Princesa Isabel, 02 – Barra Avenida
40146-900 – Salvador – BA
(71) 203-5555

CEARÁ

SONOLAB
Dr. Pedro Bruin
R. Francisco Holanda, 800 – Dionísio Torres
60130-140 – Fortaleza – CE
(85) 261-1712

DISTRITO FEDERAL

CLINAR
Dr. Ronaldo Almeida
SEPS 714/914 bl E Ed. Tatento sl. 31/33 – Asa Sul
70390-145 / Brasília – DF
(61) 346-6616

Hospital Universitário de Brasília
Dr. Raimundo Nonato
Av. L 2 Norte, Quadra 605
70840-050 – Brasília – DF
(61) 307-3223

INACOR - Laboratório de Distúrbios do Sono
Dra. Marilene Guiot
SHIS – HPP – QI 9 bl D sl. 02 – Lago Sul
71625-500 – Brasília – DF
(61) 364-4146

ESPÍRITO SANTO

Laboratório de Sono de Vitória
Dr. Cláudio Turra
Av. Mal. Mascarenhas de Moraes, 2562 Ed. 01, sl. 212
Bento Ferreira
29052-120 – Vitória – ES
(27) 3225-8585

UNISONO – Unidade de Sono
Dr. Sérgio Barros
R. Misael Pedreira da Silva,

* Fonte: www.sono.med.br

Ed. Medic. Center,70/505 –
Praia de Suá
29052-270 – Vitória – ES
(27) 3235-1050

GOIÁS

Clínica de Distúrbios do Sono
Dra. Joseane Cardoso
R. 1125/325 – Setor Oeste
74175-090 – Goiânia – GO
(62) 281-0386

Pulmonar
Av. Prof. Alfredo de Castro, 380 – Setor Oeste
74110-030 – Goiânia – GO
(62) 212-7131

MINAS GERAIS

Pulmonar – Distúrbios do Sono e Aparelho Respiratório S/C Ltda.
Dr. Eliazor Campos Caixeta
Av. Bernardo Monteiro, 918
30150-281
Belo Horizonte – MG
(31) 3222-6004

Laboratório do Sono Nossa Senhora de Fátima
R. Padre Caldeira, 386 – Centro
38700-000
Patos de Minas – MG
(34) 3820-1045

PARÁ

Nunes Serviços Médicos S/C Ltda. – Instituto do Pulmão
Travessa Apinagés, 569 – Bta. Campos
66033-170 – Belém – PA
(91) 230-3108

PARANÁ

Centro de Distúrbios do Sono de Curitiba
Dr. Attílio S. Melluso Filho
R. Bruno Filgueira, 369
conj. 105 e 404 – Batel
80240-220 – Curitiba – PR
(41) 243-0112

Epicentro
Dra. Márcia de Assis
R. XV de Novembro, 2223 – Alto da XV
80050-000 – Curitiba – PR
(41) 262-1634

Unidade de Neurologia Clínica S/C Ltda.
R. Alcides Munhoz, 433 – Mercês
80810-040 – Curitiba – PR
(41) 335-4549

Clínica Respirar
Dr. Igor Nery
Av. Ipiranga, 4155

87510-300 – Umuruama – PR
(44) 622-2350

PERNAMBUCO

UNISONO
Av. Agamenon Magalhães, 2291 – Derby
50070-160 – Recife – PE
(81) 3423-5106

UNISONO
Dr. Murilo Guimarães
R. da Hora, 692 – Espinheiro
52020-010 – Recife – PE
(81) 972-3474

RIO DE JANEIRO

Hospital de Campos
Dr. Maurício Escorcard
R. Cons. Otaviano, 129 – Centro
28010-140 – Campos – RJ
(24) 2737-1500

Carlos Bacelar Clínica Ltda.
Dr. Carlos Bacelar
R. São Francisco Xavier, 150 – Tijuca
20550-012 – Rio de Janeiro – RJ
(21) 2284-5222

Clínica Barros Franco
Dr. Davi Nigri
R. Sorocaba, 464 – Botafogo
22271-110 – Rio de Janeiro – RJ
(21) 2527-5277

Clínica Vanifez Serviços
Médicos S/C Ltda.
R. Esteves Jr., 35 – Laranjeiras
22231-160 – Rio de Janeiro – RJ
(21) 2557-3895

Luiz Giorelli Assistência Médica Ltda.
Dr. Luiz Giorelli
Rua Siqueira Campos, 53/1.204 – Copacabana
22031-070 – Rio de Janeiro – RJ
(21) 2235-4855/2256-3353

Neurolife Laboratório
Dr. Carlos Brandão
R. do Russel, 450 sala 501 – Glória
22210-010 – Rio de Janeiro – RJ
(21) 2556-5541

Sleep Laboratório dos Distúrbios do Sono
Dr. Flávio Magalhães
Av. das Américas, 4.666, sl. 309 – Barra da Tijuca
22649-900 – Rio de Janeiro – RJ
(21) 2430-9220

RIO GRANDE DO SUL

SONOLAB – Hospital São Rafael

Dr. Geraldo Rizzo
R. Waldemar Geib, 161, sl. 5
Novo Hamburgo – RS
(51) 583-2022

Clínica do Sono Morfeu Ltda.
Dr. Alexandre Dolganov
Pça. Dom Feliciano, 39, cj. 501 – Centro
90020-160 – Porto Alegre – RS
(51) 3226-8582

Hospital de Clínicas de Porto Alegre
Dra. Simone Canani
R. Ramiro Barcelos, 2.350
sl. 2.050, 2º and. – Bonfim
90035-003 – Porto Alegre – RS
(51) 316-8241

Laboratório do Sono Ltda.
Dr. Denis Martinez
Pça. Dom Feliciano, 78/601 – Centro
90020-160 – Porto Alegre – RS
(51) 211-2626

SONOLAB – Centro Clínico do Hospital Mãe de Deus
Dr. Geraldo Rizzo
R. Costa, 40 / 1.202 e 1.203
90110-270 – Porto Alegre – RS
(51) 3230-2569

SONOLAB – Centro Clínico do Hospital Moinhos de Vento
Dr. Geraldo Rizzo
R. Ramiro Barcelos, 910/204
90035-001 – Porto Alegre – RS
(51) 3311-9521

SANTA CATARINA

Clínica Respirar
Dr. Pablo Moritz
R. Barão de Batouí, 528 – Centro
88015-340 – Florianópolis – SC
(48) 224-1171

SONAR – Centro do Pulmão e do Sono
R. Nereu Ramos, 69
sl. 05 – Centro
88015-010 – Florianópolis – SC
(48) 223-5180

São Marcos Pneumologia S/C Ltda.
Dr. Jaime Ferreira
R. Abdon Batista, 47
Ed. Clínica São Marcos, 7º and.
89201-010 – Joinville – SC
(47) 422-2045

SÃO PAULO

Clínica de Distúrbios do Sono
Dr. Carlos H. F. Martins e
Dra. Maria Rita C. M. Costa
R. Saint Martin, 30-14

Bauru – SP
(14)223-5303 e 223-7160

Instituto de Medicina do Sono
Dr. Alberto Santos
R. Saint Martin, 30/14 – Aeroporto
17043-081 – Bauru – SP
(14) 227-9288

POLIMED
Dr. Alberto Santos
R. Annis Dabus, 1-23 – Jd. Nasralla
17012-320 – Bauru – SP
(14) 223-5692

Faculdade de Medicina de Botucatu
Dr. Ronaldo Fonseca
Depto. de Neuro e Psiquiatria – Cx.Postal 540 – Rubião Júnior
18618-000 – Botucatu – SP
(14) 6802-6260

Neuroclínica S/C Ltda.
Dra. Helena Protec
R. Magnólia, 55 – V. Apda
18603-640 – Botucatu – SP
(14) 6822-1743

NeuroClínica S/C Ltda.
Dra. Helena Protetti
R. Major Leonidas Cardoso, 520 Centro
18602-010 – Botucatu – SP
(14) 6822-1977

Centro Médico Campinas
Dr. Ronaldo Fonseca
R. Dr. Edilberto Luiz Pereira da Silva, 150 – Barão Geraldo
13083-190 – Campinas – SP
(19) 789-5364

Clínica do Sono Campinas S/C Ltda.
Dra. Flávia Guimarães
R. Dr. Silvio Moraes Sales, 37 – Cambuí
13025-160 – Campinas – SP
(19) 294-4571

Clínica de Sono de Campinas
Dr. Shigueo Yonekura
R. Bernardo José Sampaio, 339 sl. 81 - Jd. Guanabara
13020-450 – Campinas – SP
(19) 3232-0588

Instituto do Sono Chiminozzo
R. dos Alecrins, 293 – Cambuí
13024-410 – Campinas – SP
(19) 294-6717

Cooperativa Médica
Dr. Campbell Guerra
R. João Ferraz, 85, sl. 22 – Centro
12327-210 – Jacareí – SP
(12) 3951-0677

Instituto de Neurologia e Sono Shigueo Yonekura
Dr. Shigueo Yonekura
Av. Independência, 2.533 – Alemães
13416-230 – Piracicaba – SP
(19) 422-6070

Clínica Horus
Dr. José Roberto Santiago Barreto
R. João Penteado, 1622 – Jardim América
14020-180 – Ribeirão Preto – SP
(16) 610-7091/635-6637/636-0934

Hospital das Clínicas de Ribeirão Preto – USP
Dr. José Roberto Santiago Barreto
Av. Bandeirantes, 3900 – Campus Universitário
Monte Alegre
14048-900 – Ribeirão Preto – SP
(16) 602-2826/602-2827

Clínica Dr. Jacques Weberman
Dr. Jacques Weberman
Av. Conselheiro Nébias, 730 conj. 43 – Boqueirão
11045-002 – Santos – SP
(13) 3235-5395

Instituto Avançado de Neurologia
R. Goiás, 119 – Boqueirão
11050-100 – Santos – SP
(13) 3235-7475

Instituto de Neuro e Psiquiatria Rio Preto S/C Ltda.
Av. Faria Lima, 5.622
15090-000
São José do Rio Preto – SP
(17) 227-6566

Centro de Tratamento dos Distúrbios do Sono
Dr. Alberto Jorge
R. Cel. José Domingues de Vasconcelos, 412 –
V. Adyana
S. José dos Campos – SP
(12) 3941-8744

CDS – Centro de Distúrbios do Sono
Dr. Rubens Reimão
Alameda Santos, 377 – Paraíso
01419-000 – São Paulo – SP
(11) 289-3126

Cema Hospital Especializado Ltda.
Dr. Nélson Colombini
R. do Oratório, 1369 – Moóca
03117-000 – São Paulo – SP
(11) 6601-4000

Clínica Baptista.Silva Medic. Especializada S/C Ltda.
Dr. Ademir Baptista. Silva
R. Conceição Monte Alegre, 220 – Brooklin Novo
04563-060 – São Paulo – SP
(11) 5505-1192

Clínica Endocap S/C Ltda.
Dr. Anibal Castro
Av. dos Bandeirantes, 665 – Vila Olímpia
04553-010 – São Paulo – SP
(11) 3845-9097

Doctor Médicos Associados
R. Barretos, 76 – Moóca
03184-080 – São Paulo – SP
(11) 6601-5704

Escola Paulista de Medicina
Dr. Ademir Batista
R. Napoleão de Barros, 720 – 11º and. – V. Clementino
04024-002 – São Paulo – SP

Escola Paulista de Medicina
Dr. Sérgio Tufik
R. Marselhesa, 524 – V. Clementino
04020-060 – São Paulo – SP
(11) 5539-6933/3427

Instituto Paulista de Sono – Hosp. Beneficência Portuguesa de SP
Dr. Flávio Alóe e
Dra. Stella Tavares
R. Maestro Cardim, 769, bl.V
3º subsolo, sl. 80 – Paraíso
01323-001 – São Paulo – SP
(11) 3253-1736 ou 253-5022 ramal 1.480

Hospital Albert Einstein
Dra. Stella Tavares
Av. Albert Einsten, 627
sl. 1.105 – Morumbi
05651-000 – São Paulo – SP
(11) 3747-3105

Hospital Alemão Oswaldo Cruz
Dr. Luciano Ribeiro
R. João Julião, 331 – Paraíso
01323-903 – São Paulo – SP
(11) 3269-3000

Hospital das Clínicas – Centro Interdepartamental para os Estudos do Sono
Dra. Stella Tavares e
Dr. Flávio Alóe
R. Ovídio Pires de Campos, s/nº – Instituto da Psiquiatria – Jd. América
05403-000 – São Paulo – SP
(11) 3064-2458 ou 3069-6518

Hospital Paulista
Dr. Braz Neto
R. Dr. Diogo de Faria, 780 – V. Clementino
04037-002 – São Paulo – SP
(11) 5087-8700

Hospital Santa Paula
Enf. Silvia Renata
Av. Santo Amaro, 2.468 –
V. Olímpia
04556-100 – São Paulo – SP

Hospital São Camilo
Av. Pompéia, 1.178 – Pompéia
05022-001 – São Paulo – SP
(11) 3872-5922 R 632

Instituto de Neurofisiologia Funcional S/C Ltda.
Prof. José O. Cardeal
R. Borges Lagoa, 783 –
1º and., conj. 11 –
V. Clementino
04038-031 – São Paulo – SP
(11) 5579-6891

Instituto do Sono – AFIP
Dr. Sérgio Tufik
R. Napoleão de Barros, 925 –
V. Clementino
04024-002 – São Paulo – SP
(11) 5539-0155 R 163

Na internet*

NO BRASIL

Brazilian Journal of Medical and Biological Research
www.epub.org.br

Hospital das Clínicas – FMUSP
www.usp.br/medicina/index.htm

Instituto de Medicina do Sono
www.medicinadosono.com

Instituto do Sono – UNIFESP/AFIP
www.sono.org.br

Núcleo de Informática Biomédica – NIB – Unicamp/Revista Eletrônica Internet
www.epub.org.br/intermedic

Sociedade Brasileira de Informática em Saúde – Centro de Informática em Saúde/ Unifesp
www.sbis.epm.br

Sono Online
www.sono.med.br

Unifesp/EPM
www.unifesp.br

Universidade Virtual
www.virtual.epm.br/home/index.htm

NO EXTERIOR

American Academy of Sleep Medicine
www.aasmnet.org

American Medical Association
www.ama-assn.org

American Sleep Apnea Association – ASAA
www.sleepapnea.org

Associated Professional Sleep Societies
www.apss.org

* Fonte: Dr. Flávio Alóe e www.sono.org.br

Cadastro das Organizações Mundiais
www.websciences.org/directory

FLASS – Federação Latinoamericana de Sociedades de Sono
www.icb.usp.br/%7Eflass/index2.html

Sites de Sono
www.sleephomepages.org

ORGANIZAÇÕES DE DEFESA E ASSISTÊNCIA AO PACIENTE

National Organization for Rare Disorders
www.rarediseases.org

Restless Legs Syndrome Foundation
www.rls.org

The Apnea Patient's News, Education and Awareness Network
www.apneanet.org

SOCIEDADES DE PROFISSIONAIS E ESTUDANTES DO SONO

American Society of Electroneurodiagnostic Technologists
www.aset.org

American Thoracic Society (ATS)
www.thoracic.org

Association of Polysomnographic Technologists (APT)
www.aptweb.org

Sleep Research Society
www.sleepresearchsociety.org/srs/index.php

Society of Light Treatment and Biological Rhythms (SLTBR)
www.sltbr.org

The Academy of Dental Sleep Medicine
www.dentalsleepmed.org

ORGANIZAÇÕES INTERNACIONAIS DO SONO

Austrian Sleep Research Association – ASRA
www.medhost.at/org/asra

British Sleep Society
www.british-sleep-society.org.uk

Canadian Sleep Society Societé Canadienne du Sommeil
www.css.to

Die Deutsche Gesellschaft für Schlafforschung und Schlafmedizin
www.dgsm.de

European Sleep Research Society
www.esrs.org

Federation of Latin American Sleep Societies
www.wfsrs.org/ilass.html

German Sleep Society
www.uni-marburg.de/sleep/dgsm/welcome.html

International Directory of Sleep Researchers and Clinicians
www.websciences.org/directory

Latin American Sleep Society
www.wfsrs.org/ilass.html

Sociedad Española de Neurofisiología Clínica
www.neurofisiologia.org

The Irish Sleep Apnoea Trust
www.isat.ie

World Federation of Sleep Research Societies
www.wfsrs.org/homepage.html

MAIS SITES ÚTEIS

AAA Foundation for Traffic Safety
www.aaafts.org

American Fibromyalgia Syndrome Association
www.afsafund.org

Association for the Study of Dreams
www.asdreams.org

Better Sleep Council
www.bettersleep.org/index.html

Center for Research Occupational and Environmental Toxicology
www.ohsu.edu/croet/index.html

Drowsy Driving links, from the AAA Foundation for Traffic Safety
www.aaafts.org/Text/DrowsyDriving

Health – Related Sites American Cancer Society
www.cancer.org

National Center on Sleep Disorders Research
www.nhlbi.nih.gov/about/ncsdr

National Enuresis Society
www.peds.umn.edu/centers/nes

NHLBI Garfield "Star Sleeper"
starsleep.nhlbi.nih.gov

Sleep for Science Program
www.sleepforscience.org

Sleep Medicine Home Page
www.users.cloud9.net/%7ethorpy

Sleeping Like a Baby
www.sleepinglikeababy.net

SleepQuest
www.sleepquest.com

SLEEP – The Journal of Sleep and Sleep Disorders Research
www.journalsleep.org

Smart Drivers Brak for Sleep / Drowsy Driving Basics for College Students
www.drowsydriving.cornell.edu

Stanford University Center of Excellence for the Diagnosis and Treatment of Sleep Disorders
www.med.stanford.edu/school/psychiatry/coe

Sudden Infant Death Syndrome Alliance
www.sidsalliance.org

US Centers for Disease Control and Prevention (CDC)
www.cdc.gov

US Food and Drug Administration (FDA)
www.fda.gov

US National Institutes of Health (NIH)
www.nih.gov

Sono – 100 perguntas e respostas foi composto em Garamond, Swiss 721 BT e BellGothic, com 320 páginas no formato 14 x 21 centímetros e fotolitos da GrafSystem. O miolo foi impresso em papel offset de 75 g/m^2; a capa, em triplex 250 g/m^2. A impressão e o acabamento foram feitos em São Paulo/SP, pela Cromosete Gráfica e Editora Ltda., para a Larousse do Brasil, em abril de 2003.